ハラスメント
アドバイザー
認定試験

JN057458

ハラスメントアドバイザー認定試験　試験概要

試験時間	選択式試験　　　10：00～11：45
合否について	70%以上の得点を取得した場合に合格となります。
制限時間	90 分
受験料	11,000 円（税込）

ハラスメントアドバイザー認定試験　出題数・形式等

出題数・形式	選択式設問　60 問程度
正答率合格ライン	70%
参考資料	厚生労働省各種資料・調査データ 協会ホームページに掲載 　　　　※サンプル問題も掲載しています。

お問合せ先

一般財団法人　全日本情報学習振興協会

東京都千代田区神田三崎町 3-7-12　清話会ビル 5F

TEL：03-5276-0030

http://www.joho-gakushu.or.jp/

ハラスメントアドバイザー認定試験　出題内容

課題	課題内容
第1課題	ハラスメントの理解 1　ハラスメントとは 2　ハラスメント対策の必要性 3　パワーハラスメントの理解 4　セクシュアルハラスメントの理解 5　妊娠・出産・育児休業等に関するハラスメントの理解 6　その他ハラスメント
第2課題	ハラスメントの法的責任等 1　行為者の法的責任 2　会社の法的責任 3　行為者の社内処分 4　労働紛争を解決するための手続
第3課題	雇用管理上講ずべき措置等 1　事業主の方針等の明確化及び労働者への周知 2　相談・苦情に応じ、適切に対応するために必要な体制の整備 3　ハラスメントに係る事後の迅速かつ適切な対応
第4課題	ハラスメントの予防と再発防止対策 1　総論 2　従業員教育 3　実態把握アンケートの実施
第5課題	ハラスメント相談について 1　相談員の職責 2　相談対応時の注意 3　相談者へのフォローアップ 4　行為者へのフォローアップ

※試験要項、出題数・形式、課題内容は変更となる場合があります。

・本問題集で略記した法令名は下記の通りである。

育児・介護休業法（育児休業、介護休業等育児又は家族介護を行う労働者
の福祉に関する法律）

男女雇用機会均等法（雇用の分野における男女の均等な機会及び待遇の
確保等に関する法律）

労働者派遣法（労働者派遣事業の適正な運営の確保及び派遣労働者の保
護等に関する法律）

労働施策総合推進法（労働施策の総合的な推進並びに労働者の雇用の安
定及び職業生活の充実等に関する法律）

ハラスメントアドバイザー
認定試験
公式精選問題集

選択式 100 問

問題1．職場におけるハラスメントに関する以下のアからエまでの記述のうち、最も<u>適切ではない</u>ものを1つ選びなさい。

ア．1980年にアメリカで雇用機会均等委員会のガイドラインが出され、性差別としてのセクシュアルハラスメントの法理が確立した影響を受け、日本でも同法理の樹立の必要性が1980年代の後半から議論されるようになった。

イ．1990年代には、育児・介護休業法の改正により、職場における育児・介護休業法上の権利や措置に関連して行われるハラスメントに対する防止や適切な対応が事業主の措置義務となった。

ウ．2000年代には、「パワーハラスメント」という言葉が登場し、職場における権限などパワーを背景とした、本来業務の適切な範囲を超えた行為が違法不当であるとの認識が広がるようになった。

エ．2020年1月15日にパワーハラスメントに関し、事業主の雇用管理上講ずべき措置等について定めた指針等が告示された。

解説　ハラスメント関連年表

ア　適　切。1980 年にアメリカで雇用機会均等委員会のガイドラインが出さ
　　　　　　れ、性差別としてのセクシュアルハラスメントの法理が確立し
　　　　　　た影響を受け、日本でも同法理の樹立の必要性が 1980 年代の
　　　　　　後半から議論されるようになった。

イ　不適切。2016 年の育児・介護休業法の改正により、職場における育児・
　　　　　　介護休業法上の権利や措置に関連して行われるハラスメントに
　　　　　　対する防止や適切対応が事業主の措置義務となった。

ウ　適　切。2000 年代には、「パワーハラスメント」という言葉が登場し、
　　　　　　職場における権限などパワーを背景とした、本来業務の適切な
　　　　　　範囲を超えた行為が違法不当であるとの認識が広がるように
　　　　　　なった。

エ　適　切。2020 年 1 月 15 日にパワーハラスメントに関し、事業主の雇用
　　　　　　管理上講ずべき措置等について定めた指針等が告示された。

解答　イ

問題2. 企業にとってハラスメント対策の必要性につながる2つのリスク
に関して、次の（　　）に入る最も<u>適切な</u>語句の組合せを、以下の
アからエまでのうち1つ選びなさい。

（　a　）リスク　―――　マスコミによるハラスメントの報道

法的リスク　　　―――　（　b　）責任（民法715条）

ア．a．レピュテーション　　　b．使用者

イ．a．セキュリティ　　　　　b．使用者

ウ．a．レピュテーション　　　b．債務不履行

エ．a．オペレーショナル　　　b．債務不履行

| 解説　行為者、使用者に対する法的責任 |

（**a：レピュテーション**）リスク――― マスコミによるハラスメントの報道

法的リスク　　　　　――― 　（**b：使用者**）責任（民法 715 条）

　レピュテーションリスクとは「評判・評価」リスクのことである。オペレーショナルリスクとは企業の日常オペレーションにおいて、内部の瑕疵・怠慢により発生し得るリスクとされている。

　業務中にハラスメントをした人に不法行為が成立する場合、会社はその使用者責任（民法 715 法）を負い、被害者の従業員に対して損害賠償責任（709条）を負う可能性がある。

　また、職場環境配慮義務違反として、被害者の従業員との労働契約上の債務不履行責任（415 条）が認められることもある。

| 解答　ア |

問題３．職場におけるハラスメント対策の必要性に関する以下のアからエまでの記述のうち、最も<u>適切ではない</u>ものを１つ選びなさい。

ア．職場におけるハラスメントは、被害者が休職・退職に至る等の人的損失を招く恐れがあり、また、職場環境の悪化により、従業員の定着率が低下し、ひいては優秀な人材の流出につながりかねない。

イ．職場におけるハラスメントに対し、会社が被害者への対応や救済を怠った場合は、周囲の従業員からの上司や会社に対する信頼を失うこととなる。

ウ．職場におけるハラスメントに該当するか否かの判断ができない「グレーゾーン」にある行為についても、放置することで違法なハラスメントに発展しかねないため、事業主は速やかに適切な処置を講ずるべきである。

エ．厚生労働省の「職場のパワーハラスメントに関する実態調査報告書（平成 28 年度）」によれば、約半数の企業がパワーハラスメント対策を経営上の重要課題であると認識している。

解説　職場におけるハラスメント対策の必要性

ア　適　切。職場におけるハラスメントは、被害者が休職・退職に至る等の人的損失を招く恐れがあり、また、職場環境の悪化により、従業員の定着率が低下し、ひいては優秀な人材の流出につながりかねない。

イ　適　切。職場におけるハラスメントに対し、会社が被害者への対応や救済を怠った場合は、周囲の従業員からの上司や会社に対する信頼を失うこととなる。

ウ　適　切。職場におけるハラスメントに該当するか否かの判断ができない「グレーゾーン」にある行為についても、放置することで違法なハラスメントに発展しかねないため、事業主は速やかに適切な処置を講ずるべきである。

エ　不適切。厚生労働省の「職場のパワーハラスメントに関する実態調査報告書（平成 28 年度）」によれば、パワーハラスメント対策を経営上の重要課題であると認識している企業の割合は、全体の 82% である。

解答　エ

問題4. ハラスメント防止対策に関する社会の動向について、以下のアから
エまでの記述のうち、最も<u>適切ではない</u>ものを1つ選びなさい。

ア. 政府の「働き方改革実行計画（2017年3月）」では、働き方改革の対
応策として「健康で働きやすい職場環境の整備」を掲げ、その具体的
な施策の一つとして、「メンタルヘルス・パワーハラスメント防止対策
の取組強化」を挙げている。

イ. 人事院では、「国家公務員ハラスメント防止週間」の実施、講演会等の
開催、各府省担当者会議の開催等を通じ、セクシュアルハラスメント
の防止等についての職員の意識啓発及び各府省における施策の充実
を図るとともに、外部の者からの相談事務等の適切な運用を図ってい
る。

ウ. 防衛省は、ハラスメントを一切許容しない組織環境の構築のため、
2022年11月に「防衛省ハラスメント防止対策有識者会議」を設置
した。

エ. 事業主については、2022年4月から職場におけるパワーハラスメント
防止対策を義務付けている。

|解説　ハラスメント対策に関する社会の動向|

ア　適　切。政府の「働き方改革実行計画（2017 年 3 月）」では、働き方改
　　　　　　革の対応策として「健康で働きやすい職場環境の整備」を掲げ、
　　　　　　その具体的な施策の一つとして、「メンタルヘルス・パワーハラ
　　　　　　スメント防止対策の取組強化」を挙げている。

イ　適　切。人事院では、「国家公務員ハラスメント防止週間」の実施、講演
　　　　　　会等の開催、各府省担当者会議の開催等を通じ、セクシュアル
　　　　　　ハラスメントの防止等についての職員の意識啓発及び各府省に
　　　　　　おける施策の充実を図るとともに、外部の者からの相談事務等
　　　　　　の適切な運用を図っている（令和 2 年度男女共同参画白書）。

ウ　適　切。防衛省は、ハラスメントを一切許容しない組織環境の構築のた
　　　　　　め、2022 年 11 月 1 日に「防衛省ハラスメント防止対策有識者
　　　　　　会議」を設置した。

エ　不適切。2020 年 6 月に改正労働施策総合推進法が施行され、企業には規
　　　　　　模を問わず、ハラスメント対策が義務付けられた。経過措置あ
　　　　　　り。

|解答　エ|

問題５．2019 年６月に、国際労働機関（ILO）で採択された「Eliminating violence and harassment in the world of work」（以下「ハラスメント禁止条約」）に関する以下のアからエまでの記述のうち、最も<u>適切ではない</u>ものを１つ選びなさい。

ア．2019 年６月に、国際労働機関（ILO）の年次総会で職場でのハラスメントを全面的に禁止した「ハラスメント禁止条約」が採択された。

イ．「ハラスメント禁止条約」では、「労働の世界における暴力とハラスメント」を、「物理的、心理的、性的、経済的な損害を引き起こす受け入れがたい行動や慣行、脅威」などと定義している。

ウ．「ハラスメント禁止条約」は、「労働の世界における暴力とハラスメント」からの保護の対象を、労働者のほか、契約形態にかかわらず働く人々、インターンなど訓練中の人、雇用終了した人まで広く含めるとしている。

エ．「ハラスメント禁止条約」は、2021 年に発効したが、日本では、翌年の通常国会で承認され、発効した。

解説　ハラスメント禁止条約

ア　適　切。2019 年 6 月に、国際労働機関（ILO）の年次総会で職場でのハ
　　　　　　ラスメントを全面的に禁止した「暴力・ハラスメント条約」が
　　　　　　採択された。

イ　適　切。「ハラスメント禁止条約」では、「労働の世界における暴力とハ
　　　　　　ラスメント」を、「物理的、心理的、性的、経済的な損害を引き
　　　　　　起こす受け入れがたい行動や慣行、脅威」などと定義している。

ウ　適　切。「ハラスメント禁止条約」は、「労働の世界における暴力とハラ
　　　　　　スメント」からの保護の対象を、労働者のほか、契約形態にか
　　　　　　かわらず働く人々、インターンなど訓練中の人、雇用終了した
　　　　　　人、職探し中の人などまで広く含め、適用場面についても、職
　　　　　　場だけでなく、出張先や営業先なども含まれるとしている。

エ　不適切。「ハラスメント禁止条約」は、2021 年に発効したが、現時点で
　　　　　　日本の批准は未定である。

解答　エ

問題６．LGBT に関する次の文章中の（　　）に入る最も<u>適切な</u>語句の組合せ
　　　　を、以下のアからエまでのうち１つ選びなさい。

「LGBT」とは、性的マイノリティを総称する用語である。性的マイノリ
ティには、（　a　）を意味するトランスジェンダー（Transgender）、
（　b　）を意味するインターセックス（Intersex）などが含まれる。
　なお、LGBT には、（　c　）を意味するクエスチョニング
（Questioning）なども含まれる。クエスチョニングとインターセック
スを含めた用語として、「LGBTQI」が用いられることもある。

ア．a．身体・戸籍上の性別と性自認とが一致しない者
　　b．両性愛者
　　c．特定の性的指向や性自認の人のみを対象とする

イ．a．身体・戸籍上の性別と性自認とが一致しない者
　　b．男性・女性といった区分が容易でない中間的な性
　　c．特定の性的指向や性自認の人のみを対象とする

ウ．a．身体・戸籍上の性別と性自認とが一致しない者
　　b．男性・女性といった区分が容易でない中間的な性
　　c．性自認や性的指向が定まっていない者

エ．a．男性・女性といった区分が容易でない中間的な性
　　b．身体・戸籍上の性別と性自認とが一致しない者
　　c．性自認や性的指向が定まっていない者

解説　LGBTQI

　「LGBT」とは、性的マイノリティを総称する用語である。性的マイノリティには、（**a：身体・戸籍上の性別と性自認とが一致しない者**）を意味するトランスジェンダー（Transgender）、（**b：男性・女性といった区分が容易でない中間的な性**）を意味するインターセックス（Intersex）などが含まれる。

　なお、LGBTには、（**c：性自認や性的指向が定まっていない者**）を意味するクエスチョニング（Questioning）なども含まれる。クエスチョニングとインターセックスを含めた用語として、「LGBTQI」が用いられることもある。

解答　ウ

問題7．LGBTQ に関する以下のアからエまでの記述のうち、最も<u>適切ではない</u>ものを1つ選びなさい。

ア．LGBT への差別は職場におけるセクシュアルハラスメントやパワーハラスメントにつながるため、セクハラ指針では、2016 年の改正時に、被害者の「性的指向または性自認にかかわらず、当該者に対する職場におけるセクシュアルハラスメントも、本指針の対象となるものである」との一文が追加された。

イ．厚生労働省「パワーハラスメント対策導入マニュアル」では、性的指向や性自認についての不理解を背景として、「人間関係からの切り離し」などのパワーハラスメントにつながることがあるから、性的指向や性自認についての理解を増進することが重要であると解説されている。

ウ．電通ダイバーシティ・ラボ「LGBTQ+調査 2020」によれば、日本の LGBTQ+層の比率は1％未満で、法改正など喫緊の取組は必要ないとしている。

エ．日本では、現時点では LGBT のパートナー関係を婚姻関係と同等に扱う法規定はないが、市区町村では、一定の要件を満たす同性カップルについて、公営住宅への入居や医療機関における面会や医療同意、職場における家族手当・慶弔休暇等についての待遇改善を認める動きがある。

解説 LGBTQ

ア　適　切。LGBTへの差別は職場におけるセクシュアルハラスメントやパワーハラスメントにつながるため、セクハラ措置指針では、2016年の改正時に、被害者の「性的指向または性自認にかかわらず、当該者に対する職場におけるセクシュアルハラスメントも、本指針の対象となるものである」との一文が追加された。

イ　適　切。パワハラ対策マニュアルでは、性的指向や性自認についての不理解を背景として、「人間関係からの切り離し」などのパワーハラスメントにつながることがあるから、性的指向や性自認についての理解を増進することが重要であると解説されている。

ウ　不適切。電通ダイバーシティ・ラボ「LGBTQ+調査2020」によれば、日本のLGBTQ+層の比率は8.9%という調査結果もあり、看過できない割合に達している。

エ．適　切。我が国では、現時点ではLGBTのパートナー関係を婚姻関係と同等に扱う法規定はないが、市区町村では、一定の要件を満たす同性カップルについて、公営住宅への入居や医療機関における面会や医療同意、職場における家族手当・慶弔休暇等についての待遇改善を認める動きがある。

解答　ウ

問題8．LGBT 理解増進法に関する以下のアからエまでの記述のうち、最も
適切ではないものを1つ選びなさい。

ア．LGBT 理解増進法は、性的指向及びジェンダーアイデンティティの多
様性に関する国民の理解の増進に関する施策の推進に関し、基本理
念を定め、並びに国及び地方公共団体の役割等を明らかにするとと
もに、基本計画の策定その他の必要な事項を定めることにより、性
的指向及び性同一性の多様性を受け入れる精神を涵（かん）養し、
もって性的指向及びジェンダーアイデンティティの多様性に寛容な
社会の実現に資することを目的としている。

イ．性的指向及びジェンダーアイデンティティの多様性に関する国民の理
解の増進に関する施策は、全ての国民が、その性的指向又はジェン
ダーアイデンティティにかかわらず、等しく基本的人権を享有するか
けがえのない個人として尊重されるものであるとの理念にのっとり、
性的指向及びジェンダーアイデンティティを理由とする差別が決し
てあってはならないものであるとの認識の下に、相互に人格と個性を
尊重し合いながら共生する社会の実現に資することを旨として行わ
れなければならない。

ウ．事業主は、基本理念にのっとり、性的指向及びジェンダーアイデン
ティティの多様性に関するその雇用する労働者の理解の増進に関し、
普及啓発、就業環境の整備、相談の機会の確保等を行うことにより
性的指向及びジェンダーアイデンティティの多様性に関する当該労
働者の理解の増進に自ら努めるとともに、国又は地方公共団体が実
施する性的指向及びジェンダーアイデンティティの多様性に関する
国民の理解の増進に関する施策に協力するよう努めるものとする。

エ．内閣総理大臣は、基本計画の案を作成し、閣議の決定を求めなければ
ならず、当該決定があったときは、遅滞なく、基本計画を公表しなけ
ればならない。

解説　LGBT 理解増進法

ア　適　切。LGBT 理解増進法は、性的指向及びジェンダーアイデンティ
　　　　　ティの多様性に関する国民の理解の増進に関する施策の推進
　　　　　に関し、基本理念を定め、並びに国及び地方公共団体の役割等
　　　　　を明らかにするとともに、基本計画の策定その他の必要な事
　　　　　項を定めることにより、性的指向及び性同一性の多様性を受
　　　　　け入れる精神を涵(かん)養し、もって性的指向及びジェンダー
　　　　　アイデンティティの多様性に寛容な社会の実現に資すること
　　　　　を目的としている。（同法1条）。

イ　不適切。性的指向及びジェンダーアイデンティティの多様性に関する国
　　　　　民の理解の増進に関する施策は、全ての国民が、その性的指向
　　　　　又はジェンダーアイデンティティにかかわらず、等しく基本的
　　　　　人権を享有するかけがえのない個人として尊重されるものであ
　　　　　るとの理念にのっとり、性的指向及びジェンダーアイデンティ
　　　　　ティを理由とする**不当な**差別はあってはならないものであると
　　　　　の認識の下に、相互に人格と個性を尊重し合いながら共生する
　　　　　社会の実現に資することを旨として行われなければならない
　　　　　（同法3条）。

ウ　適　切。事業主は、基本理念にのっとり、性的指向及びジェンダーアイ
　　　　　デンティティの多様性に関するその雇用する労働者の理解の増
　　　　　進に関し、普及啓発、就業環境の整備、相談の機会の確保等を
　　　　　行うことにより性的指向及びジェンダーアイデンティティの多
　　　　　様性に関する当該労働者の理解の増進に自ら努めるとともに、
　　　　　国又は地方公共団体が実施する性的指向及びジェンダーアイデ
　　　　　ンティティの多様性に関する国民の理解の増進に関する施策に
　　　　　協力するよう努めるものとする。（同法6条1項）。

エ　適　切。内閣総理大臣は、基本計画の案を作成し、閣議の決定を求めな
　　　　　ければならず（同法8条3項）、当該決定があったときは、遅滞
　　　　　なく、基本計画を公表しなければならない（同条4項）。

解答　イ

問題９． ハラスメントに関する次の文章中の（　　　）に入る<u>適切な</u>語句の組
合せを、以下のアからエまでのうち１つ選びなさい。

　過去３年間に勤務先で受けたハラスメントとして、パワハラ、セク
ハラ、顧客等からの著しい迷惑行為の中ではパワハラが最も高く、次
いで（　a　）が高かった。
　過去３年間にパワハラを一度以上経験した割合を男女別にみる
と、（　b　）より高かった。また、男女・雇用形態別でみると、
「（　c　）」が最も高く、次に「男性派遣社員」が高かった。

厚生労働省「職場のハラスメントに関する実態調査報告書（令和２年度）」

ア． a．セクハラ　　　　　b．男性の方が女性
　　 c．女性管理職

イ． a．セクハラ　　　　　b．女性の方が男性
　　 c．男性管理職

ウ． a．顧客等からの著しい迷惑行為　　　b．男性の方が女性
　　 c．女性管理職

エ． a．顧客等からの著しい迷惑行為　　　b．女性の方が男性
　　 c．男性管理職

解説　ハラスメントの現状

　過去３年間に勤務先で受けたハラスメントとして、パワハラ、セクハラ、顧客等からの著しい迷惑行為の中ではパワハラ（31.4％）が最も高く、次いで（**a．顧客等からの著しい迷惑行為**）（15.0％）が高かった。

　過去３年間にパワハラを一度以上経験した割合を男女別にみると、（**b．男性（33.3％）の方が女性（29.1％）**）より高かった。また、男女・雇用形態別でみると、「（**c．女性管理職**）」（38.1％）が最も高く、次に「男性派遣社員」（38.0％）が高かった。

解答　ウ

問題 10. 次の図は、我が国における民事上の個別労働紛争の主な相談内容の件数の推移を示している。図中の（　　）に入る<u>適切な</u>項目の組合せを、以下のアからエまでのうち１つ選びなさい。

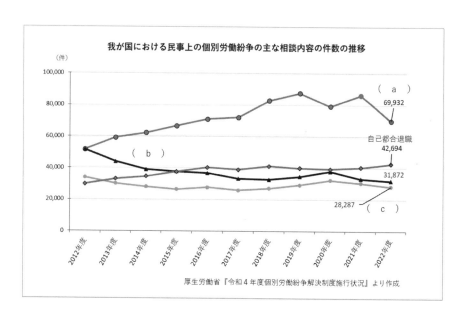

ア．a．いじめ・嫌がらせ　　　b．労働条件の引き下げ
　　c．解雇

イ．a．いじめ・嫌がらせ　　　b．解雇
　　c．労働条件の引き下げ

ウ．a．解雇　　　　　　　　　b．いじめ・嫌がらせ
　　c．労働条件の引き下げ

エ．a．労働条件の引き下げ　　b．いじめ・嫌がらせ
　　c．解雇

解説　民事上の個別労働紛争の主な相談内容の件数の推移

	2012年度	2013年度	2014年度	2015年度	2016年度	2017年度	2018年度	2019年度	2020年度	2021年度	2022年度
いじめ・嫌がらせ	51,670	59,197	62,191	66,566	70,917	72,067	82,797	87,570	79,190	86,034	69,932
自己都合退職	29,763	33,049	34,626	37,648	40,364	38,954	41,258	40,081	39,498	40,501	42,694
解　雇	51,515	43,956	38,966	37,787	36,760	33,269	32,614	34,561	37,826	33,189	31,872
労働条件の引き下げ	33,955	30,067	28,015	26,392	27,723	25,841	27,082	29,258	32,301	30,524	28,287

(単位：件)

解答　イ

問題 11. 次の図は、パワーハラスメントを受けたと感じた場合の心身への影響に関する調査において、回答率が高かった項目の上位を順に並べたものである。図中の（　　　）に入る最も<u>適切な</u>項目の組合せを、以下のアからエまでのうち1つ選びなさい。

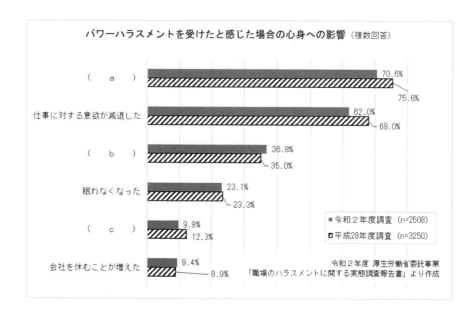

　ア．a．通院したり服薬をした
　　　b．怒りや不満、不安などを感じた
　　　c．職場でのコミュニケーションが減った

　イ．a．怒りや不満、不安などを感じた
　　　b．職場でのコミュニケーションが減った
　　　c．通院したり服薬をした

　ウ．a．怒りや不満、不安などを感じた
　　　b．通院したり服薬をした
　　　c．職場でのコミュニケーションが減った

　エ．a．職場でのコミュニケーションが減った
　　　b．通院したり服薬をした
　　　c．怒りや不満、不安などを感じた

解説　パワーハラスメントを受けたと感じた場合の心身への影響

　同調査の回答結果は以下の通りである。

　パワハラを受けての心身への影響としては、「怒りや不満、不安などを感じた」（70.6%）の割合が最も高く、次いで「仕事に対する意欲が減退した」（62.0%）が高かった。H28 調査結果と比較したところ、全体としての傾向（回答割合の多い順）は同様であったが、「職場でのコミュニケーションが減った」の割合は、H28 調査より本年度調査の方が 1.8 ポイント高かった。

パワーハラスメントを受けたと感じた場合の心身への影響（複数回答）

	令和2年	平成28年
怒りや不満、不安などを感じた（a）	70.6%	75.6%
仕事に対する意欲が減退した	62.0%	68.0%
職場でのコミュニケーションが減った（b）	36.8%	35.0%
眠れなくなった	23.1%	23.3%
通院したり服薬をした（c）	9.8%	12.3%
会社を休むことが増えた	9.4%	8.9%
入院した	1.1%	1.0%
その他	2.5%	6.3%
特に影響はなかった	6.9%	5.0%

（n=2508）　　　　（n=3250）

解答　イ

問題 12. パワーハラスメントの認定に関する以下のアからエまでの記述の
うち、最も<u>適切ではないもの</u>を１つ選びなさい。

ア．パワーハラスメントは、①優越的な関係を背景とした言動であって、
②業務上必要かつ相当な範囲を超えたものにより、③労働者の就業環
境が害されるものであり、①から③までの要素のいずれかを満たすも
のをいう。

イ．パワーハラスメントの成立要件である「優越的な関係を背景とした言
動」とは、受け手の労働者が行為者に対して抵抗又は拒絶することが
できない蓋然性が高い関係に基づいて行われる言動である。

ウ．パワーハラスメントの成立要件である「業務の適正な範囲を超えて
行われること」とは、社会通念に照らし、当該行為が明らかに業務上
の必要性がない、又はその態様が相当でないものであることをいう。

エ．「労働者の就業環境が害される」とは、当該言動により労働者が身体的
又は精神的に苦痛を与えられ、労働者の就業環境が不快なものとなっ
たため、能力の発揮に重大な悪影響が生じる等、当該労働者が就業す
る上で看過できない程度の支障が生じることを指す。

解説　パワーハラスメントの認定

ア　不適切。パワーハラスメントは、①優越的な関係を背景とした言動であって、②業務上必要かつ相当な範囲を超えたものにより、③労働者の就業環境が害されるものであり、①から③までの要素を**すべて**満たすものをいう。

イ　適　切。パワーハラスメントの成立要件である「職場内の優位性を背景に行われるもの」とは、受け手の労働者が行為者に対して抵抗又は拒絶することができない蓋然性が高い関係に基づいて行われる言動である。

ウ　適　切。パワーハラスメントの成立要件である「業務の適正な範囲を超えて行われること」とは、社会通念に照らし、当該行為が明らかに業務上の必要性がない、又はその態様が相当でないものであることをいう。

エ　適　切。「労働者の就業環境が害される」とは、当該言動により労働者が身体的又は精神的に苦痛を与えられ、労働者の就業環境が不快なものとなったため、能力の発揮に重大な悪影響が生じる等当該労働者が就業する上で看過できない程度の支障が生じることを指す。

解答　ア

問題 13. 職場におけるパワーハラスメントは「職場において行われる優越的な関係を背景とした言動であって、業務上必要かつ相当な範囲を超えたものにより、その雇用する労働者の就業環境が害されること」と定義されているが、ここでいう「就業環境が害されること」に関する以下のアからエまでの記述のうち、最も適切ではないものを1つ選びなさい。

ア.「就業環境が害されること」の契機に該当するのは、労働者に身体的かつ精神的に苦痛を与えた場合である。

イ.「就業環境が害されること」を、「労働者の就業環境が不快なものとなったため、能力の発揮に重大な悪影響が生じること」と解釈している。

ウ. 言動の頻度や継続性は考慮されるが、強い身体的又は精神的苦痛を与える態様の言動の場合には、一回のみの言動であっても「就業環境が害されること」に該当し得る。

エ.「就業環境が害される」かどうかの判断は、「社会一般の労働者が、就業する上で看過できない程度の支障が生じたと感じるような言動であるかどうか」を基準とすることが適当である。

| 解説　パワーハラスメントの成立要件 |

ア　不適切。「就業環境を害すること」とは、労働者が身体的**又は**精神的に苦痛を与えられ、労働者の就業環境が不快なものとなったため、能力の発揮に重大な悪影響が生じる等、当該労働者が就業する上で看過できない程度の支障が生じることを指す。

イ　適　切。上記解説ア参照。

ウ　適　切。言動の頻度や継続性は考慮されるが、強い身体的又は精神的苦痛を与える態様の言動の場合には、一回のみの言動であっても「就業環境が害されること」に該当し得る。

エ　適　切。同様の状況で当該言動を受けた場合に、「社会一般の」労働者が、就業する上で看過できない程度の支障が生じたと感じるような言動であるかどうかを基準とすることが適当である。

| 解答　ア |

問題 14. 厚生労働省の調査によれば、半数を超える労働者が仕事や職業生活に関することで、強いストレスを感じると答えている。次の図は、その強いストレスの内容に関する調査結果として、回答率の高かった項目を順に並べたものである。図中の（　　）に入る<u>適切な</u>項目の組合せを、以下のアからエまでのうち１つ選びなさい。

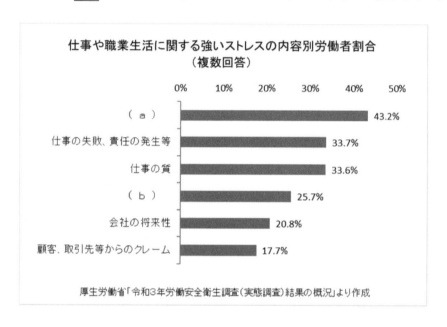

ア．a．仕事の量　　　　b．事故や災害の体験

イ．a．仕事の量　　　　b．対人関係（セクハラ・パワハラを含む）

ウ．a．対人関係（セクハラ・パワハラを含む）　　b．仕事の量

エ．a．対人関係（セクハラ・パワハラを含む）　　b．事故や災害の体験

解説　仕事や職業生活に関するストレス

項　　目	割合
仕事の量	43.2%
仕事の失敗、責任の発生等	33.7%
仕事の質	33.6%
対人関係（セクハラ・パワハラを含む）	25.7%
会社の将来性	20.8%
顧客、取引先等からのクレーム	17.7%
雇用の安定性	11.9%
事故や災害の体験	1.9%

解答　イ

問題 15. パワーハラスメント行為の６類型に関する以下のアからエまでの記述のうち、最も<u>適切な</u>ものを１つ選びなさい。

ア．労働者の能力に応じて、一定程度の業務内容や業務量を軽減することは、パワーハラスメント行為類型のうち「過小な要求」に該当する。

イ．新入社員を育成するために個室で短期間集中的に研修等を行うことは、業務の適切な範囲を超えて行わせているとはいえないため、パワーハラスメント行為類型の「個の侵害」に該当しない。

ウ．労働者への配慮を目的として、労働者の家族の状況等についてヒアリングを行うことは、パワーハラスメント行為類型のうち「個の侵害」に該当する。

エ．業務の繁忙期に、業務上の必要性から、当該業務の担当者に通常時よりも一定程度多い業務の処理を任せることは、パワーハラスメント行為類型のうち「過大な要求」に該当する。

解説　パワハラ行為の６類型

ア　不適切。労働者の能力に応じて、一定程度の業務内容や業務量を軽減することは「過小な要求」には該当しない。

イ　適　切。新入社員を育成するために個室で短期間集中的に研修等を行うことは、業務の適切な範囲を超えて行わせているとはいえないため、「個の侵害」に該当しない。

ウ　不適切。労働者への配慮を目的として、労働者の家族の状況等についてヒアリングを行うことは、「個の侵害」に該当しない。

エ　不適切。業務の繁忙期に、業務上の必要性から、当該業務の担当者に通常時よりも一定程度多い業務の処理を任せることは、「過大な要求」に該当しない。

解答　イ

問題 16. パワーハラスメント行為の６類型に関する以下のアからエまでの
記述のうち、最も<u>適切ではない</u>ものを１つ選びなさい。

ア．管理職である労働者を退職させるため、誰でも遂行可能な業務を行わ
せることは、パワーハラスメント行為類型のうち「過小な要求」に該
当する。

イ．労働者に業務とは関係のない私的な雑用の処理を強制的に行わせる
ことは、パワーハラスメント行為類型のうち「過大な要求」に該当
する。

ウ．相手に誤ってぶつかることは、パワーハラスメント行為類型のうち
「身体的な攻撃」に該当しない。

エ．企業の業務の内容や性質等に照らして重大な問題行動を行った労働
者に対し、一定程度強く注意をすることは、パワーハラスメント行
為類型のうち「精神的な攻撃」に該当する。

解説　パワーハラスメント行為の６類型

ア　適　切。管理職である労働者を退職させるため、誰でも遂行可能な業務
　　　　　　を行わせることは、「過小な要求」に該当する。

イ　適　切。労働者に業務とは関係のない私的な雑用の処理を強制的に行わ
　　　　　　せることは、パワーハラスメント行為類型のうち「過大な要求」
　　　　　　に該当する。

ウ　適　切。相手に物を投げつけることは、身体的な攻撃に該当するが、誤っ
　　　　　　てぶつかることは、これに該当しない。

エ　不適切。企業の業務の内容や性質等に照らして重大な問題行動を行った
　　　　　　労働者に対し、一定程度強く注意をすることは、精神的な攻撃
　　　　　　に該当しない。

解答　エ

問題 17. パワーハラスメント行為の6類型に関する以下のアからエまでの
記述のうち、最も<u>適切な</u>ものを1つ選びなさい。

ア. 労働者の性的指向・性自認や病歴、不妊治療等の機微な個人情報について、必要な範囲で人事労務部門の担当者に伝達し、配慮を促すことは、労働者の了解を得た場合であっても、「個の侵害」に該当する。

イ. 内部通報した社員を新入社員と同じ簡単な業務に配置転換することは、「過小な要求」に該当する。

ウ. 業務の繁忙期に、業務上の必要性から、当該業務の担当者に通常時よりも一定程度多い業務の処理を任せることは、「過大な要求」に該当する。

エ. 指示に従わない部下を殴打するすることは、「精神的な攻撃」に該当する。

解説 パワーハラスメント行為の6類型

ア 不適切。社員の業務分担や時間外労働への配慮を目的として、労働者の状況等についてヒアリングを行うことは、客観的な業務上の必要性と社会通念上の相当性が認められ、「職場におけるパワーハラスメント」には該当しない場合が多い。当該労働者の了解を得ずに他の労働者に暴露することは「個の侵害」に該当する。

イ 適 切。内部通報した社員を新入社員と同じ簡単な業務に配置転換する場合などは、客観的な業務上の必要性が認められないか、またはその態様が社会通念上相当でないといえるから、「職場におけるパワーハラスメント」に該当する可能性が高い。また、業務上の合理性なく能力や経験とかけ離れた程度の低い仕事を命じることや仕事を与えないことは、「過小な要求」に該当する。

ウ 不適切。業務の繁忙期に、業務上の必要性から、当該業務の担当者に通常時よりも一定程度多い業務の処理を任せることは、客観的な業務上の必要性があり、態様が社会通念上相当でないとはいえないため、職場のパワーハラスメントには該当しない。

エ 不適切。指示に従わない部下を殴打するような「身体的な攻撃」は、客観的な業務上の必要性すら認められず、原則として「職場におけるパワーハラスメント」に該当する。

解答 イ

問題 18. 以下のアからエまでの裁判例の事案を読み、不法行為として<u>認められなかった</u>ものを 1 つ選びなさい。

ア. 定例会議において、上司が各人に意見を求めたので、部下が、「電話が鳴っても自分以外の人は、あまり電話を取らないので、他の人も電話に出るよう指導をしてほしい。」と述べたところ、上司が怒り出して、その部下に対し、「お前はやる気がない。何でここでそんなことを言うんだ。明日から来なくていい。」などと述べた。

イ. 上司が、販売やレジ業務で、社内規定や取扱いに反する不適正・禁止されていた処理（①値引対象でない商品を値引き販売した、②テレビのリサイクル料の不適切な処理をした、③自ら顧客の修理品を回収して持ち込み、顧客の修理代金を立替払し、修理品を自ら顧客に配達しようとした）を繰り返していた部下に①～③の行為について、注意書3通を作成させた。

ウ. 上司が納期を守らない部下を指導する際に、「新入社員以下だ。もう任せられない」、「何でわからない。おまえは馬鹿」などと発言した。

エ. 社内ルールを逸脱する不適切な行動を続ける販売・レジ業務担当の従業員に対し、会社本部から当人を販売・レジ業務に関わらない業務に配置換えするようにとの指示があったが、適当な配置換え先がなかったため、本人が強い忌避感を示していたにもかかわらず、競合店舗の価格調査業務（一人でほぼ毎日競合店舗に赴きすべての商品についての価格調査を5、6時間ほどかけて行うもの）およびプライス票の作成業務に配置換えを指示した。

解説　不法行為として認められた裁判例

ア　該　当。上司の行為は、社会通念上許される業務上の指導を超えて、部下に過重な心理的負担を与えたものとして、不法行為に該当する。

イ　不該当。「注意書の徴求」は、業務上の必要性および相当性が認められる行為であり、パワハラ（業務の適正な範囲を超えて、精神的・身体的苦痛を与える行為）の一環であると評価することはできない（大津地判平 30.5.24　ＫＤ事件）。

ウ　該　当。上司が納期を守らない部下を注意・指導する中で行われたものであるが、「新入社員以下だ。もう任せられない。」という発言は、人に屈辱を与え心理的負担を過度に加える行為であり、「何でわからない。おまえは馬鹿」という言動は、名誉感情をいたずらに害する行為である。当該上司の言動は、当該部下に対する注意または指導のための言動として許容される限度を超え、相当性を欠くと評価せざるを得ないから、不法行為に該当する。

エ　該　当。「配置換え指示」は、業務の適正な範囲を超えた過重なものであって、強い精神的苦痛を与える業務に従事することを求める行為であるという意味で、不法行為に該当する（大津地判平 30.5.24　ＫＤ事件）。

解答　イ

問題 19. 以下のアからエまでの裁判例の事案を読み、不法行為として<u>認められた</u>ものを１つ選びなさい。

　ア．配置変更に伴って店舗の従業員全体の担当業務の調整の必要が生じ、勤務シフトについて、本人の希望で土日が勤務日となっていたものから日曜日を休日とするシフトに変更した。

　イ．上司が、販売やレジ業務で、社内規定や取扱いに反する不適正・禁止されていた処理（①値引対象でない商品を値引き販売した、②テレビのリサイクル料の不適切な処理をした、③自ら顧客の修理品を回収して持ち込み、顧客の修理代金を立替払し、修理品を自ら顧客に配達しようとした）を繰り返していた部下に①〜③の行為について、注意書３通を作成させた。

　ウ．家電量販店において、何度もリサイクル料金の不適切処理を繰り返した部下に対して上司が注意をしたところ、その部下から「（家電を）売ってるからいいやん」と言われたため、声を荒げて叱責した。

　エ．社内ルールを逸脱する不適切な行動を続ける販売・レジ業務担当の従業員に対し、会社本部から当人を販売・レジ業務に関わらない業務に配置換えするようにとの指示があったが、適当な配置換え先がなかったため、本人が強い忌避感を示していたにもかかわらず、競合店舗の価格調査業務（一人でほぼ毎日競合店舗に赴きすべての商品についての価格調査を５、６時間ほどかけて行うもの）およびプライス票の作成業務に配置換えを指示した。

解説　不法行為として認められた裁判例

ア　認められない。「シフト変更」は、従業員の配置換えに伴う店舗の従業員
　　　　　　　　　全体の担当業務の調整という業務上の必要性から行われ
　　　　　　　　　たものであり、意に反するシフト変更を行ったことのみ
　　　　　　　　　をもってパワハラの一環であったと評価することはでき
　　　　　　　　　ない（大津地判平30.5.24　ＫＤ事件）。

イ　認められない。「注意書の徴求」は、業務上の必要性および相当性が認め
　　　　　　　　　られる行為であり、パワハラ（業務の適正な範囲を超え
　　　　　　　　　て、精神的・身体的苦痛を与える行為）の一環であると
　　　　　　　　　評価することはできない（大津地判平30.5.24　ＫＤ事
　　　　　　　　　件）。

ウ　認められない。叱責の内容自体が根拠のない不合理なものではなく、業
　　　　　　　　　務の適正な範囲を超えた叱責ではないので、パワハラの
　　　　　　　　　一環であったと評価することはできない（大津地判平
　　　　　　　　　30.5.24　ＫＤ事件）。

エ　認められた。　「配置換え指示」は、業務の適正な範囲を超えた過重な
　　　　　　　　　ものであって、強い精神的苦痛を与える業務に従事する
　　　　　　　　　ことを求める行為であるという意味で、不法行為に該当
　　　　　　　　　する（大津地判平30.5.24　ＫＤ事件）。

解答　エ

問題 20. パワーハラスメントの裁判例に関する以下のアからエまでの記述の
うち、最も<u>適切ではない</u>ものを１つ選びなさい。

ア．上司が自ら提案した業務遂行方法を部下が行っていないことを知り、
「俺の言うことを聞かないということは懲戒に値する。」と強い口調
で叱責し、始末書を書かせ、さらに提出された始末書には、「今後、こ
のようなことがあった場合は、どのような処分を受けても一切異議は
ございません。」との文言を加筆させる行為は、社会通念上許される業
務上の指導を超えて、部下に過重な心理的負担を与えたものである。

イ．労務遂行上の指導・監督の場面において、監督者が監督を受ける者
を叱責し、あるいは指示等を行う際には、労務遂行の適切さを期する
目的において適切な言辞を選んでしなければならないのは当然の注
意義務と考えられる。

ウ．監督者において、労務遂行上の指導を行うに当たり、その指導が当該
監督を受ける者との人間関係や当人の理解力等も勘案して、適切に指
導の目的を達し、その真意を伝えているかどうかを注意すべき義務が
ある。

エ．パワーハラスメントの定義である「同じ職場で働く者に対して、職務
上の地位や人間関係などの職場内の優位性を背景に、業務の適正な
範囲を超えて、精神的・身体的苦痛を与える又は職場環境を悪化させ
る行為のこと」について、裁判例は、行為の類型化が図られた、極め
て具体的な概念であるとしている。

| 解説　パワーハラスメントの裁判例 |

ア　適　切。上司が自ら提案した業務遂行方法を部下が行っていないことを知り、「俺の言うことを聞かないということは懲戒に値する。」と強い口調で叱責し、始末書を書かせ、さらに提出された始末書には、「今後、このようなことがあった場合は、どのような処分を受けても一切異議はございません。」との文言を加筆させる行為は、社会通念上許される業務上の指導を超えて、部下に過重な心理的負担を与えたものである（大阪高判平25.10.9　アークレイファクトリー事件）。

イ　適　切。労務遂行上の指導・監督の場面において、監督者が監督を受ける者を叱責し、あるいは指示等を行う際には、労務遂行の適切さを期する目的において適切な言辞を選んでしなければならないのは当然の注意義務と考えられる（大阪高判平25.10.9　アークレイファクトリー事件）。

ウ　適　切。監督者において、労務遂行上の指導を行うに当たり、その指導が当該監督を受ける者との人間関係や当人の理解力等も勘案して、適切に指導の目的を達しその真意を伝えているかどうかを注意すべき義務がある（大阪高判平25.10.9　アークレイファクトリー事件）。

エ　不適切。裁判例は、パワハラについては、「同じ職場で働く者に対して、職務上の地位や人間関係などの職場内の優位性を背景に、業務の適正な範囲を超えて、精神的・身体的苦痛を与える又は職場環境を悪化させる行為のこと」と「一応の定義付けがなされ、行為の類型化が図られているものの、極めて抽象的な概念であり、これが不法行為を構成するためには、質的にも量的にも一定の違法性を具備していることが必要である」としている（東京地判平26.8.13　日本アクペクトコア事件）。

| 解答　エ |

問題 21. 裁判例の事実の概要を読み、以下のアからエまでの記述のうち、最も<u>適切な</u>ものを1つ選びなさい。

【事実の概要】

　入社約16年で事務センターに異動した男性従業員Ａの業務処理が遅く、書類作成のミスが頻発していた。書類審査担当の主査2名が、ミスのたびに、「ここのとこって前も注意したでな。確認せえかったん。どこを見たん。」「どこまでできとん。何ができてないん。どこが原因なん。」「何回も言ようよな。マニュアルをきちんと見ながらしたら、こんなミスは起こるわけがない。きちんとマニュアルを見ながら、時間がかかってもいいからするようにしてください。」等と叱責した。

　Ａは複数回元の部署への異動を申し出るも認められず、異動後約1年半で体重が15kg減少し（70kg→55kg）、同僚に「死にたい」と言うようになり、同僚が係長に伝えるも係長は真剣に受け止めなかった。

　Ａは異動後約2年で実家にて縊死した。

徳島地判平 30.7.9

ア．主査2名の一連の叱責は、業務上の指導の範囲を逸脱し社会通念上違法なものである。

イ．主査2名の一連の言動は、不法行為にあたる。

ウ．会社は、使用者責任を負うこととなる。

エ．会社は、安全配慮義務違反による債務不履行責任を負う。

解説　裁判例

　判決は、主査２名が頻繁にＡを叱責したのはＡの書類作成上のミスが頻発したからであり、主査２名の言動も人格的非難に及ぶものとまではいえないから、**主査２名の一連の叱責は、業務上の指導の範囲を逸脱し社会通念上違法なものであったとまでは認められない**とした（**主査２名の一連の言動は不法行為とはいえない。このため会社の使用者責任も認められない**）。

　ただし、会社固有の責任については、係長がＡの体調不良や自殺願望の原因が主査２名との人間関係に起因することを容易に想定できた以上、係長ら上司は異動を含めた対応を検討すべきであったとして、それをしなかったのだから、**会社は安全配慮義務違反による債務不履行責任として、遺族に対し約 6,142 万円の支払義務を負う**とした（逸失利益約 3,582 万円＋慰謝料約 2,000 万円＋弁護士費用 560 万円）。

徳島地裁平 30.7.9

解答　エ

問題 22. パワーハラスメント防止における国、事業主及び労働者の責務に関する以下のアからエまでの記述のうち、最も<u>適切ではない</u>ものを1つ選びなさい。

ア．事業主は、職場において、パワーハラスメントが起きないよう、当該労働者からの相談に応じ、適切に対応するために必要な体制の整備その他の雇用管理上必要な措置を講じなければならない。

イ．事業主（その者が法人である場合にあっては、その役員）は、自らも、優越的言動問題に対する関心と理解を深め、労働者に対する言動に必要な注意を払うように努めなければならない。

ウ．事業主は、優越的言動問題に対するその雇用する労働者の関心と理解を深めるとともに、当該労働者が他の労働者に対する言動に必要な注意を払うよう、研修の実施その他の必要な配慮をするほか、国の講ずるパワーハラスメント防止措置に協力するように努めなければならない。

エ．労働者は、優越的言動問題に対する関心と理解を深め、他の労働者に対する言動に必要な注意を払うとともに、事業主の講ずるパワーハラスメント防止に協力しなければならない。

解説　国、事業主及び労働者の責務

ア　適　切。事業主は、職場において行われる優越的な関係を背景とした言動であって、業務上必要かつ相当な範囲を超えたものによりその雇用する労働者の就業環境が害されることのないよう、当該労働者からの相談に応じ、適切に対応するために必要な体制の整備その他の雇用管理上必要な措置を講じなければならない（労働施策総合推進法30条の2第1項）。

イ　適　切。事業主（その者が法人である場合にあっては、その役員）は、自らも、優越的言動問題に対する関心と理解を深め、労働者に対する言動に必要な注意を払うように努めなければならない（労働施策総合推進法30条の3第3項）。

ウ　適　切。事業主は、優越的言動問題に対するその雇用する労働者の関心と理解を深めるとともに、当該労働者が他の労働者に対する言動に必要な注意を払うよう、研修の実施その他の必要な配慮をするほか、国の講ずるパワーハラスメント防止措置に協力するように努めなければならない（労働施策総合推進法 30 条の3第2項）。

エ　不適切。労働者は、優越的言動問題に対する関心と理解を深め、他の労働者に対する言動に必要な注意を払うとともに、事業主の講ずるパワーハラスメント防止に協力するように努めなければならない（労働施策総合推進法30条の3第4項）。

解答　エ

問題 23. パワーハラスメント防止対策の法制化に関する以下のアからエまでの記述のうち、最も<u>適切な</u>ものを1つ選びなさい。

ア．労働施策総合推進法において、国の施策に「職場における労働者の就業環境を害する言動に起因する問題の解決の促進」が明記された。

イ．労働施策総合推進法において、行政官庁は、事業主に対し雇用管理上講ずべき措置等の施行状況について報告を求めることができるが、事業主がこの報告書を提出しなかった場合でも罰則は適用しない。

ウ．都道府県労働局長は、パワーハラスメントに関する労使紛争について、当該紛争の当事者の双方からその解決につき援助を求められた場合のみ、当該紛争の当事者に対し、必要な指導又は勧告をすることができる。

エ．厚生労働大臣は、事業主がパワーハラスメント防止などの雇用管理上講ずべき措置を怠った場合は、直ちにその旨を公表することができる。

| 解説 | パワーハラスメント防止対策の法制化 |

ア　適　切。労働施策総合推進法において、国の施策に「職場における労働者の就業環境を害する言動に起因する問題の解決の促進」が明記された（労働施策総合推進法第9章）。

イ　不適切。労働施策総合推進法において、行政官庁は、事業主に対し雇用管理上講ずべき措置等の施行状況について報告を求めることができ（労働施策総合推進法36条1項）、事業主がこの報告書を提出しなかった場合は、20万円以下の過料に処される（同法41条）。

ウ　不適切。都道府県労働局長は、パワーハラスメントに関する労使紛争について、当該紛争の当事者の双方又は一方からその解決につき援助を求められた場合には、当該紛争の当事者に対し、必要な助言、指導又は勧告をすることができる（労働施策総合推進法30条の5第1項）。

エ　不適切。厚生労働大臣は、事業主がパワーハラスメント防止などの雇用管理上講ずべき措置を怠った場合は、事業主に対して助言、指導又は勧告をすることができ、その勧告を受けた事業主がこれに従わなかったときに厚生労働大臣はその旨を公表することができる（労働施策総合推進法33条2項）。

| 解答　ア |

問題 24. 次の図は、男女雇用機会均等法の施行状況に関し、都道府県労働局雇用環境・均等部（室）が取り扱った相談内容の内訳の推移を表している。図と文中の（　　）に入る<u>適切な</u>相談内容の組合せを、以下のアからエまでのうち1つ選びなさい。

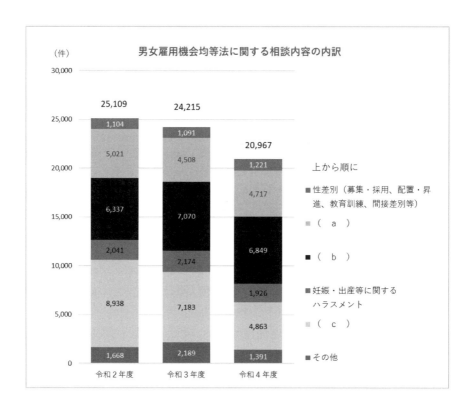

（件）　　　男女雇用機会均等法に関する相談内容の内訳

上から順に

■性差別（募集・採用、配置・昇進、教育訓練、間接差別等）
■（　a　）
■（　b　）
■妊娠・出産等に関するハラスメント
■（　c　）
■その他

ア．a．婚姻、妊娠・出産等を理由とする不利益取扱い
　　b．母性健康管理
　　c．セクシュアルハラスメント

イ．a．婚姻、妊娠・出産等を理由とする不利益取扱い
　　b．セクシュアルハラスメント
　　c．母性健康管理

ウ．a．セクシュアルハラスメント
　　b．婚姻、妊娠・出産等を理由とする不利益取扱い
　　c．母性健康管理

エ．a．セクシュアルハラスメント
　　b．母性健康管理
　　c．婚姻、妊娠・出産等を理由とする不利益取扱い

解説　男女雇用機会均等法の施行状況に関する相談

表2−1　相談件数の推移 (件)

	令和2年度		令和3年度		令和4年度	
性差別(募集・採用、配置・昇進、教育訓練、間接差別等)(第5条〜8条関係)	1,104	(4.4%)	1,091	(4.5%)	1,221	(5.8%)
婚姻、妊娠・出産等を理由とする不利益取扱い(第9条関係)	5,021	(20.0%)	4,508	(18.6%)	4,717	(22.5%)
セクシュアルハラスメント(第11条関係)	6,337	(25.2%)	7,070	(29.2%)	6,849	(32.7%)
妊娠・出産等に関するハラスメント(第11条の3関係)	2,041	(8.1%)	2,174	(9.0%)	1,926	(9.2%)
母性健康管理(第12条、13条関係)	8,938	(35.6%)	7,183	(29.7%)	4,863	(23.2%)
その他	1,668	(6.6%)	2,189	(9.0%)	1,391	(6.6%)
合計	25,109	(100.0%)	24,215	(100.0%)	20,967	(100.0%)

　相談内容別にみると、「セクシュアルハラスメント（第11条関係)」に関する相談が最も多く 6,849 件（32.7%)、次いで「母性健康管理（第12条、13条関係)」に関する相談が 4,863 件（23.2%)、「婚姻、妊娠・出産等を理由とする不利益取扱い（第9条関係)」に関する相談が 4,717 件（22.5%)となっている。

解答　イ

問題 25. セクシュアルハラスメントに関する事案への対応状況についての次
の文章中の（　　）に入る最も<u>適切な</u>語句の組合せを、以下のアか
らエまでのうち１つ選びなさい。

厚生労働省の「令和４年度雇用均等基本調査」によれば、過去３年間に、
セクシュアルハラスメントに関する相談実績又は事案のあった企業は
全体の（　a　）であった。相談実績又は事案のあった企業のうち、そ
の事案にどのように対応したかをみると（複数回答）、「（　b　）」が最
も多く、次いで「（　c　）」となっている。

※対象：企業規模は総数 10 人以上

ア．a．約５分の１　　　　　　　b．被害者に対する配慮を行った
　　c．事実関係を確認した

イ．a．約５分の１　　　　　　　b．事実関係を確認した
　　c．行為者に対する措置を行った

ウ．a．約 20 分の１　　　　　　b．被害者に対する配慮を行った
　　c．事実関係を確認した

エ．a．約 20 分の１　　　　　　b．事実関係を確認した
　　c．被害者に対する配慮を行った

| 解説　セクシュアルハラスメントに関する事案への対応状況 |

　厚生労働省の「令和4年度雇用均等基本調査」によれば、過去3年間に、セクシュアルハラスメントに関する相談実績又は事案のあった企業は全体の（**a．約20分の1**（4.7％））であった。相談実績又は事案のあった企業のうち、その事案にどのように対応したかをみると、「（**b．事実関係を確認した**」（95.0％）が最も多く、次いで「（**c．被害者に対する配慮を行った**）」（89.0％）となっている。

　　　　　　　　　　　　　　　　※対象：企業規模は総数10人以上

| 解答　エ |

問題 26. 職場におけるセクシュアルハラスメントの状況に関する次の文章
中の （　　）に入る<u>適切な</u>語句の組合せを、以下のアからエまで
のうち１つ選びなさい（出典：厚生労働省「職場のハラスメント
に関する実態調査報告書（令和２年度）」）。

勤務先で受けたハラスメントのうち、過去３年間にセクハラを一度以上
経験した者の割合を男女別でみると、（　a　）も高く、業種別では、
「（　b　）」（15.0％）、「電気・ガス・熱供給・水道業」（14.0％）、「不
動産業、物品賃貸業」（14.0％）等が他の業種と比べて高かった。また、
従業員規模別では、（　c　）の企業（12.4％）で最も高く、1,000 人以
上の企業で 9.0％と最も低かった。

ア．a．女性の方が男性より　　　b．運輸業、郵便業
　　c．100～299 人以下

イ．a．男性の方が女性より　　　b．運輸業、郵便業
　　c．99 人以下

ウ．a．女性の方が男性より　　　b．生活関連サービス業、娯楽業
　　c．100～299 人以下

エ．a．男性の方が女性より　　　b．生活関連サービス業、娯楽業
　　c．99 人以下

解説　職場におけるセクシュアルハラスメントの状況

勤務先で受けたハラスメントのうち、過去３年間にセクハラを一度以上経験した者の割合を男女別でみると、（**a．女性（12.8%）の方が男性（7.9%）より**）も高かった。業種別では、「（**b．生活関連サービス業、娯楽業**）」（15.0%）、「電気・ガス・熱供給・水道業」（14.0%）、「不動産業、物品賃貸業」（14.0%）等が他の業種と比べて高く、情報通信業（7.5%）が最も低かった。また、従業員規模別では、（**c．100〜299人以下**）の企業（12.4%）で最も高く、1,000人以上の企業で9.0%と最も低かった。

解答　ウ

58

問題 27. 職場におけるセクシュアルハラスメントに関する以下のアからエまでの記述のうち、最も<u>適切な</u>ものを1つ選びなさい。

ア.「対価型セクシュアルハラスメント」とは、職場において行われる労働者の意に反する性的な言動により労働者の就業環境が不快なものとなったため、能力の発揮に重大な悪影響が生じる等、当該労働者が就業する上で看過できない程度の支障が生じることである。

イ.「環境型セクシュアルハラスメント」とは、労働者の意に反する性的な言動において労働者の対応により、解雇、降格、減給などの不利益を受けることである。

ウ.「就業環境を害される」の判断に当たっては、継続性又は繰り返しが要件となるものであっても、「明確に抗議しているにもかかわらず放置された状態」又は「心身に重大な影響を受けていることが明らかな場合」には、就業環境が害されていると判断し得る。

エ.「不快な言動」に該当するか否かは、「被害労働者の感じ方」を基準とし、主観的に判断をする。

解説　セクシュアルハラスメントの定義

ア　不適切。「対価型セクシュアルハラスメント」とは、労働者の意に反する
　　　　　　性的な言動において労働者の対応（拒否や抵抗）により、解雇、
　　　　　　降格、減給などの不利益を受けることである。

イ　不適切。「環境型セクシュアルハラスメント」とは、職場において行われ
　　　　　　る労働者の意に反する性的な言動により労働者の就業環境が不
　　　　　　快なものとなったため、能力の発揮に重大な悪影響が生じる等、
　　　　　　当該労働者が就業する上で看過できない程度の支障が生じるこ
　　　　　　とである。

ウ　適　切。「就業環境を害される」の判断に当たっては、継続性又は繰り返
　　　　　　しが要件となるものであっても、「明確に抗議しているにもかか
　　　　　　わらず放置された状態」又は「心身に重大な影響を受けている
　　　　　　ことが明らかな場合」には、就業環境が害されていると判断し
　　　　　　得る。

エ　不適切。セクシュアルハラスメントが男女の認識の違いにより生じてい
　　　　　　る面があることを考慮すると、「不快な言動」に該当するか否か
　　　　　　の判断については、被害を受けた労働者が女性である場合には
　　　　　　「平均的な女性労働者の感じ方」を基準とし、被害を受けた労
　　　　　　働者が男性である場合には「平均的な男性労働者の感じ方」を
　　　　　　基準とすることが適当である。

解答　ウ

問題 28. 職場におけるセクシュアルハラスメントの定義に関する以下のア
からエまでの記述のうち、最も<u>適切な</u>ものを１つ選びなさい。（出
典：セクハラ指針）

ア．「労働者」とは、正規雇用労働者のみならず、パートタイム労働者、契
約社員、派遣労働者などいわゆる非正規雇用労働者を含む。派遣労働
者については、派遣先あるいは派遣元どちらかの一方でハラスメント
防止対策の措置を講じていれば足りるとしている。

イ．「職場」とは、労働者が業務を遂行する場所を指し、事業所内に限らず
出張先や取引先、営業車の中も「職場」として含まれる他、勤務時間
外の「宴会」「懇親の場」なども、職務との関連性、参加が強制的か任
意かにかかわらず「職場」に含まれる。

ウ．職場の人間関係のなかでは、必ずしも「意に反する」言動であるとい
う労働者の明確な意思表示があるとは限らない。

エ．「性的な言動」とは、性的な内容の発言及び性的な行動を指し、こ
の「性的な内容の発言」には、性的な事実関係を尋ねることは含ま
れるが、性的な内容の情報を流布することは含まれていない。

解説　セクシュアルハラスメントの定義

ア　不適切。「労働者」とは、正規雇用労働者のみならず、パートタイム労働者、契約社員などいわゆる非正規雇用労働者を含む、事業主が雇用するすべての労働者をいう。また、派遣労働者については、派遣元事業主のみならず、労働者派遣の役務の提供を受ける者（派遣先事業主）も、自ら雇用する労働者と同様に、措置を講じる必要がある。

イ　不適切。「職場」とは、事業主が雇用する労働者が業務を遂行する場所を指し、労働者が通常就業している場所以外の場所であっても、労働者が業務を遂行する場所であれば「職場」に含まれる。勤務時間外の「宴会」「懇親の場」などであっても、実質上職務の延長と考えられるものは「職場」に該当するが、その判断に当たっては、職務との関連性、参加者、参加が強制的か任意かといったことを考慮して個別に行う必要がある。

ウ　適　切。職場の人間関係のなかでは、必ずしも「意に反する」言動であるという労働者の明確な意思表示があるとは限らない。判例は「抗議・抵抗がなかったからといってセクシュアルハラスメントがなかったとは言えない」としている。

エ　不適切。「性的な言動」とは、性的な内容の発言及び性的な行動を指し、この「性的な内容の発言」には、性的な事実関係を尋ねること、性的な内容の情報を意図的に流布すること等が、「性的な行動」には、性的な関係を強要すること、必要なく身体に触ること、わいせつな図画を配布すること等が、それぞれ含まれる。

解答　ウ

問題 29. 職場におけるセクシュアルハラスメントに関する以下のアからエ
　　　　までの記述のうち、最も<u>適切ではない</u>ものを１つ選びなさい。

ア．職場の人間関係のなかでは、行為者の言動が必ずしも「意に反する」
　　ものであるという労働者の明確な意思表示があるとは限らない。

イ．「懲戒型セクシュアルハラスメント」とは、職場において行われる労働
　　者の意に反する性的な言動に対する労働者の対応により、当該労働者
　　が解雇、降格、減給等の不利益を受けることである。

ウ．「環境型セクシュアルハラスメント」とは、職場において行われる労働
　　者の意に反する性的な言動に対する労働者の対応により、労働者の就
　　業環境が不快なものとなったため、当該労働者の就業環境が害される
　　ことである。

エ．「就業環境を害される」の判断に当たっては、継続性又は繰り返しが要
　　件となるものであっても、「明確に抗議しているにもかかわらず放置
　　された状態」又は「心身に重大な影響を受けていることが明らかな場
　　合」には、就業環境が害されていると判断し得る。

解説　セクシュアルハラスメントの定義

ア　適　切。職場におけるセクシュアルハラスメントとは、職場において行われる、労働者の意に反する性的な言動に対する労働者の対応により、その労働者が労働条件について不利益を受けたり、性的な言動により就業環境が害されることをいう。職場の人間関係のなかでは、必ずしも「意に反する」言動であるという労働者の明確な意思表示があるとは限らない。そのため、判例では、「抗議・抵抗がなかったからといってセクシュアルハラスメントがなかったとは言えない」としている。

イ　不適切。職場において行われる労働者の意に反する性的な言動に対する労働者の対応により、当該労働者が解雇、降格、減給等の不利益を受けることは「対価型セクシュアルハラスメント」である。

ウ　適　切。「環境型セクシュアルハラスメント」とは、職場において行われる労働者の意に反する性的な言動により労働者の就業環境が不快なものとなったため、能力の発揮に重大な悪影響が生じる等、当該労働者が就業する上で看過できない程度の支障が生じることである。

エ　適　切。「就業環境を害される」の判断に当たっては、継続性又は繰り返しが要件となるものであっても、「明確に抗議しているにもかかわらず放置された状態」又は「心身に重大な影響を受けていることが明らかな場合」には、就業環境が害されていると判断し得る。「不快な言動」に該当するか否かの判断については、被害労働者の感じ方を基準として判断しなければならない。

解答　イ

問題 30. 職場におけるセクシュアルハラスメントに関する以下のアからエ
　　　　までの記述のうち、最も<u>適切な</u>ものを１つ選びなさい。

ア．懇親会で役員の隣に女性社員が座ってお酌することが職場の慣行に
　　なっている場合は、セクシュアルハラスメントに該当しない。

イ．職場で際どい下ネタで盛り上がっているが、特に女性社員からの苦情
　　はなく、笑う女性社員もいるような場合は、セクシュアルハラスメン
　　トに該当しない。

ウ．男性社員が同僚の女性に好意を持ち、食事に誘う行為は、即セクシュ
　　アルハラスメントに該当するわけではないが、断られたのに何度も
　　誘ったり、職場でしつこく声をかけたりした場合は、セクシュアルハ
　　ラスメントと判断されることもある。

エ．同僚同士で交際関係にあった社員の一方が交際解消を伝えたところ、
　　相手が復縁を求めて業務中頻繁にメールを出してくる行為は、私事に
　　起因することであるため、セクシュアルハラスメントには該当しない。

解説　セクシュアルハラスメントの事例のチェック

ア　不適切。懇親会で役員の隣に女性社員が座ってお酌することになっているような職場内の人間関係から明確に拒否できない場合または事実上強制しているような場合は、セクシュアルハラスメントに該当する。

イ　不適切。環境型セクシュアルハラスメントは、平均的な労働者の感じ方で判断すべきであり、職場の人間関係から明確に拒否できないものの不快に感じている社員もいることが考えられる。したがって、職場で際どい下ネタで盛り上がっているが、特に女性社員からの苦情はなく、笑う女性社員もいるような場合であっても、セクシュアルハラスメントに該当し得る。

ウ　適　切。食事に誘うことが即セクシュアルハラスメントに該当するわけではない。断られたのに何度も誘ったり、職場でしつこく声をかけたりした場合は、セクシュアルハラスメントと判断されることもある。

エ　不適切。同僚同士で交際関係にあった社員の一方が交際解消を伝えたところ、相手が復縁を求めて業務中頻繁にメールを出してくる行為は、セクシュアルハラスメントに該当する。

解答　ウ

問題 31. 次の文章中の（　　）に入る<u>適切な</u>語句の組合せを、以下のアから
エまでのうち１つ選びなさい。

（　a　）（最判平成 27 年 2 月 26 日）は、セクハラの行為者（Ｄ１、
Ｄ２）が会社による懲戒処分（出勤停止と降格）等を無効であると提
訴した判例である。

　受け手（派遣社員のＶ１と派遣元社員のＶ２）が明確に拒否してい
なかったため、行為者が許されていたと誤信していたことをどう評価
するかが争点となり、大阪地裁では、派遣先（Ｉ社）の懲戒処分を
（　b　）と判断したが、大阪高裁では改めて（　c　）とした。最
高裁では、懲戒処分を（b）と判断した。

　Ｄらは管理職としてセクハラ防止のために部下職員を指導すべき立
場にありながら、Ｖ１、Ｖ２に対して極めて不適切なセクハラ行為を
１年余も繰り返しており、また、職場におけるセクハラ行為は受け手
が内心で不快感や嫌悪感を抱きながらも、加害者に対する抗議や会社
に対する被害の申告を躊躇する場合も少なくないことから、会社によ
る懲戒処分を（b）とした。

ア．a．海遊館事件　　　　　b．有効　　　　　c．無効

イ．a．海遊館事件　　　　　b．無効　　　　　c．有効

ウ．a．イビデン事件　　　　b．無効　　　　　c．有効

エ．a．イビデン事件　　　　b．有効　　　　　c．無効

解説　海遊館事件

（**a．海遊館事件**）（最判平成 27 年 2 月 26 日）は、セクハラの行為者（D 1、D 2）が会社による懲戒処分（出勤停止と降格）等を無効であると提訴した判例である。

　受け手（派遣社員のV 1 と派遣元社員のV 2）が明確に拒否していなかったため、行為者が許されていたと誤信していたことをどう評価するかが争点となり、大阪地裁では、派遣先（I 社）の懲戒処分を（**b．有効**）と判断したが、大阪高裁では改めて（**c．無効**）とした。最高裁では、懲戒処分を（**b．有効**）と判断した。

　Dらは管理職としてセクハラ防止のために部下職員を指導すべき立場にありながら、V 1、V 2 に対して極めて不適切なセクハラ行為を 1 年余も繰り返しており、また、職場におけるセクハラ行為は受け手が内心で不快感や嫌悪感を抱きながらも、加害者に対する抗議や会社に対する被害の申告を躊躇する場合も少なくないことから、会社による懲戒処分を（**b．有効**）とした。

解答　ア

問題32. 次の文章中の（　　）に入る適切な語句の組合せを、以下のアから
エまでのうち1つ選びなさい。

　イビデン事件（最判平成30年2月15日）は、ストーカー型のセクハ
ラにより退職した従業員（被害者V）が、行為者Dのほか、勤務先子会
社（IC社）、関連子会社（IK社）、さらに親会社である（I社）を被
告として提訴した判例である。（下図を参照）

　名古屋高裁では、親会社（I社）の（　a　）を（　b　）したが、最
高裁では、親会社のコンプライアンスに関する相談窓口体制が被害者の
求める通りの対応を取ることを義務づけるものではなく、相談の内容
が、被害者が既に退職した後、相当の期間を経過しており、かつ、事業
場外の出来事であったことから、親会社の（a）を（　c　）した。

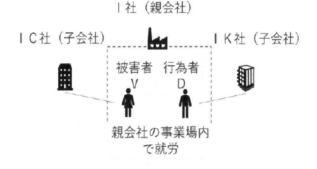

ア． a．安全配慮義務違反　　　　b．否定　　　c．肯定

イ． a．安全配慮義務違反　　　　b．肯定　　　c．否定

ウ． a．信義則上の義務違反　　　b．肯定　　　c．否定

エ． a．信義則上の義務違反　　　b．否定　　　c．肯定

解説 イビデン事件

イビデン事件（最判平成 30 年 2 月 15 日）は、ストーカー型のセクハラにより退職した従業員（被害者 V）が、行為者Dのほか、勤務先子会社（I C社）、発注会社（I K社）、さらに親会社である（I 社）を被告として提訴した判例である。（下図を参照）

名古屋高裁では、親会社（I 社）の（**a . 信義則上の義務違反**）を（**b . 肯定**）したが、最高裁では、親会社のコンプライアンスに関する相談窓口体制が被害者の求める通りの対応を取ることを義務づけるものではなく、相談の内容が、被害者が既に退職した後、相当の期間を経過しており、かつ、事業場外の出来事であったことから、親会社の信義則上の義務違反を（**c . 否定**）した。

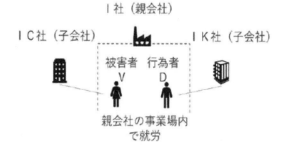

解答 ウ

問題 33. 次の文章中の（　　）に入る<u>適切な</u>語句の組合せを、以下のアから
　　　　エまでのうち 1 つ選びなさい。

　2021 年 6 月 10 日に「（　a　）」の改正案が、衆院本会議で可決され、
成立した。
　改正法には、政党や衆参両院に加え、男女共同参画の推進主体として
新たに地方議会が加わったほか、女性の立候補を妨げる要因とされてい
るセクハラ、マタハラへの対応策として以下の内容が盛り込まれた。
1．国と自治体の責務として、セクハラ、マタハラの問題発生を防ぐた
　　めの研修実施や相談体制を整備する
2．セクハラ、マタハラの防止及び適切な解決に向け、自主的な取り組
　　みを政党の（　b　）として課す

ア．a．政治分野における男女共同参画の推進に関する法律
　　b．義務

イ．a．政治分野における男女共同参画の推進に関する法律
　　b．努力義務

ウ．a．女性の職業生活における活躍の推進に関する法律
　　b．義務

エ．a．女性の職業生活における活躍の推進に関する法律
　　b．努力義務

【解説　時事問題】

2021 年 6 月 10 日に「(**a．政治分野における男女共同参画の推進に関する法律**)」の改正案が、衆院本会議で可決され、成立した。

改正法には、政党や衆参両院に加え、男女共同参画の推進主体として新たに地方議会が加わったほか、女性の立候補を妨げる要因とされているセクハラ、マタハラへの対応策として以下の内容が盛り込まれた。

1．国と自治体の責務として、セクハラ、マタハラの問題発生を防ぐための研修実施や相談体制を整備する

2．セクハラ、マタハラの防止及び適切な解決に向け、自主的な取り組みを政党の（**b．努力義務**）として課す

【解答　イ】

問題 34. 次の文章は、令和 4 年度都道府県労働局雇用環境・均等部（室）での育児・介護休業法に関する相談状況についてまとめたものである。文章中の（　）に入る適切な語句の組合せを、以下のアからエまでのうち 1 つ選びなさい。

　令和 4 年度都道府県労働局雇用環境・均等部（室）での育児・介護休業法に関する相談状況をみると、育児と介護に関係する相談件数は 115,006 件で、前年度に比して増加した。

　育児関係では「（　a　）」が 70,868 件、「育児休業以外（子の看護休暇、所定労働時間の短縮の措置等など）」が 13,805 件、「育児休業に係る不利益取扱い」が 5,116 件の順になっている。

　介護関係では、「（　b　）」が 7,998 件、「介護休業以外（介護休暇、所定労働時間の短縮措置等など）」が 5,892 件、「介護休業等に関するハラスメントの防止措置」が 896 件の順になっている。

ア．a．育児休業
　　b．介護休業に係る不利益取扱い

イ．a．育児休業
　　b．介護休業

ウ．a．育児休業等に関するハラスメントの防止措置
　　b．介護休業に係る不利益取扱い

エ．a．育児休業等に関するハラスメントの防止措置
　　b．介護休業

解説　妊娠・出産・育児休業等に関するハラスメント防止対策

　令和4年度都道府県労働局雇用環境・均等部（室）での育児・介護休業法に関する相談状況をみると、育児と介護に関係する相談件数は 115,006 件で、前年度に比して増加した。

　育児関係では「（**a．育児休業**）」が 70,868 件、「育児休業以外（子の看護休暇、所定労働時間の短縮の措置等など）」が 13,805 件、「育児休業に係る不利益取扱い」が 5,116 件の順になっている。

　介護関係では、「（**b．介護休業**）」が 7,998 件、「介護休業以外（介護休暇、所定労働時間の短縮措置等など）」が 5,892 件、「介護休業等に関するハラスメントの防止措置」が 896 件の順になっている。

解答　イ

問題 35. 次の図は、労働者のハラスメント経験がある職場とない職場の特徴を比較したものである。図中の（　　）に入る<u>適切な</u>項目の組合せを、以下のアからエまでのうち１つ選びなさい。

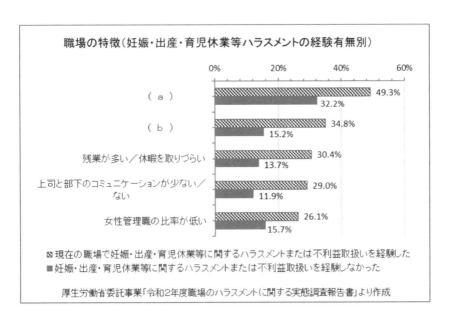

ア．a．過去に育児休業を取得した男性従業員がいない／少ない
　　b．子育てをしている管理職がいない／少ない

イ．a．子育てをしている管理職がいない／少ない
　　b．従業員が女性ばかりである

ウ．a．子育てをしている管理職がいない／少ない
　　b．過去に育児休業を取得した男性従業員がいない／少ない

エ．a．過去に育児休業を取得した男性従業員がいない／少ない
　　b．従業員が女性ばかりである

解説　職場の特徴（妊娠・出産・育児休業等ハラスメントの経験有無別）

項目	過去に育児休業を取得した男性従業員がいない／少ない	子育てをしている管理職がいない／少ない	残業が多い／休暇を取りづらい	上司と部下のコミュニケーションが少ない／ない	女性管理職の比率が低い	従業員が女性ばかりである
現在の職場で妊娠・出産・育児休業等に関するハラスメントまたは不利益取扱いを経験した	49.3%	34.8%	30.4%	29.0%	26.1%	23.2%
妊娠・出産・育児休業等に関するハラスメントまたは不利益取扱いを経験しなかった	32.2%	15.2%	13.7%	11.9%	15.7%	15.6%

解答　ア

問題 36. 職場における妊娠・出産・育児休業等に関するハラスメントについて以下のアからエまでの記述のうち、最も<u>適切ではない</u>ものを１つ選びなさい。

ア.「制度等の利用への嫌がらせ型」ハラスメントとは、母性健康管理、産前休業、軽易な業務への転換などの制度または措置の利用の請求に関する言動により就業環境が害されるものである。

イ.「状態への嫌がらせ型」ハラスメントの対象となる事由には、妊娠又は出産に起因する症状により労務の提供ができないことだけではなく、労働能率が低下することも含まれる。

ウ.「状態への嫌がらせ型」ハラスメントは、言葉によるものだけではなく、必要な仕事上の情報を与えない、これまで参加していた会議に参加させないといった行為もハラスメントに含まれる。

エ. 女性労働者の妊娠等による嫌がらせの言動について、上司がこのような言動を行った場合は、１回でもハラスメントに該当するが、同僚がこのような言動を行った場合については、繰り返し又は継続的なもの（意に反することを伝えているにもかかわらず、このような言動が行われる場合はさらに繰り返し又は継続的であることは要しない）がハラスメントに該当する。

解説　職場における妊娠・出産等に関するハラスメント

ア　適　切。「制度等の利用への嫌がらせ型」ハラスメントとは、母性健康管理、産前休業、軽易な業務への転換などの制度または措置の利用の請求に関する言動により就業環境が害されるものである。

イ　適　切。「状態への嫌がらせ型」ハラスメントの対象となる事由には、妊娠又は出産に起因する症状により労務の提供ができないことだけではなく、労働能率が低下することも含まれる。

ウ　適　切。「状態への嫌がらせ型」ハラスメントは、言葉によるものだけではなく、必要な仕事上の情報を与えない、これまで参加していた会議に参加させないといった行為もハラスメントになり得る。

エ　不適切。女性労働者の妊娠等による嫌がらせの言動については、上司と同僚のいずれの場合であっても繰り返し又は継続的なもの（意に反することを伝えているにもかかわらず、このような言動が行われる場合はさらに繰り返し又は継続的であることは要しない）がハラスメントに該当する。

解答　エ

問題 37. 職場における妊娠・出産・育児・介護休業等におけるハラスメントに関する以下のアからエまでの記述のうち、最も<u>適切ではない</u>ものを１つ選びなさい。

ア．「私としては、経験豊富な君が離れるのは痛い。欲を言えば休暇を切り上げて一日も早く戻ってきてほしいけど、権利だし、君の人生なんだから、待つしかないな」と、育児休暇に入る前の部下と、職場での会話中、上司がこのように述べることは、ハラスメントに該当しない。

イ．定期的な妊婦健診の日時等について、業務状況を考えて、上司が「次の妊婦健診、この日はダメ。やめてくれ。私の重要な会議があって、もう動かせない。会社のためだから、お医者さんも納得してくれるだろう。じゃあ、先生に連絡しておいて。命令だからね」と一方的に指示することは、ハラスメントに該当する。

ウ．「妊婦には負担が大きいだろうから、もう少し楽な業務に替わってはどうか」と、疲れた表情で仕事をしている妊婦である部下に、上司が打診したところ、「今のペースで大丈夫です。仕事が好きだから」と返答されたので、「君のためを思っているんだぞ！」と怒鳴ってしまったものの、即謝罪した場合、上司の言動はハラスメントに該当しない。

エ．未就学児を養育している女性労働者は、所定時間外労働の制限が認められ退勤時間が一人早くなっているが、同僚から「残業の制限だなんてうらやましいことだ。まあ、たいした仕事はさせられないね」と繰り返し嫌味を言われることはハラスメントに該当しない。

解説 制度等の利用への嫌がらせ型

ア 適 切。事業主が労働者の事情やキャリアを考慮して、育児休業等からの早期の職場復帰を促すこと自体は制度等の利用が阻害されるものに該当しない。ただし、職場復帰のタイミングは労働者の選択に委ねられることに留意が必要である。本肢は労働者の選択に理解を示していると考えられるため、ハラスメントに該当しない。

イ 適 切。本肢では上司は自分の都合を一方的に通告しているためハラスメントと考えられる。ある程度調整が可能な休業等（定期的な妊婦健診の日時等）について、業務状況を考えて、上司が「次の妊婦健診はこの日は避けてほしいが調整できるか」と労働者の意向を確認することは、業務上の必要性に基づく場合の例と考えられ、ハラスメントには該当しない。ただし、変更の依頼や相談は、強要しない場合に限られ、労働者の意をくまない一方的な通告・強要はハラスメントとなる。

ウ 適 切。妊婦本人にはこれまで通り勤務を続けたいという意欲がある場合であっても、客観的に見て妊婦の体調が悪い場合は、「業務上の必要性に基づく言動」とされ、ハラスメントに該当しない。

エ 不適切。労働者はハラスメントの要件に当たる「能力の発揮や継続就業に重大な悪影響が生じる等その労働者が就業する上で看過できない程度の支障」が生じている状況と考えられるため、ハラスメントに該当していると考えられる。

解答 エ

問題 38. 職場における妊娠・出産・育児休業等に関する「制度等の利用への
嫌がらせ型」ハラスメントの対象となる制度について以下のアから
エまでの記述のうち、最も<u>適切ではない</u>ものを1つ選びなさい。

ア．小学校就学の始期に達するまでの子を養育する労働者は、子の世話又
は疾病の予防を図るための看護休暇の取得を事業主に申し出ること
ができる。

イ．一定の要件を満たす3歳未満の子を養育する労働者が、育児のための
所定労働時間の短縮を事業主に申し出ることができる。

ウ．小学校就学の始期に達するまでの子を養育する労働者は、その事業主
に請求することにより、所定労働時間を超えずに労働することができ
る。

エ．事業主は、事業の正常な運営を妨げる場合を除き、小学校就学前の子
を養育する一定の要件を満たす労働者が、当該子を養育するために請
求した場合は、午後 10 時から午前5時までの間において労働させて
はならない。

解説　育児・介護休業法における制度または措置

ア　適　切。子の看護休暇とは、<u>小学校就学の始期に達するまでの子を養育</u>する労働者が、その事業主に申し出ることにより、1の年度において対象の子一人につき5労働日を限度として、負傷し、若しくは疾病にかかった当該子の世話又は疾病の予防を図るために取得できる休暇である（育児・介護休業法16条の2第1項）。

イ　適　切。一定の要件を満たす3歳未満の子を養育する労働者が、育児のための所定労働時間の短縮を事業主に申し出ることができる（同法23条1項）。

ウ　不適切。事業主は、3歳に満たない子を養育する労働者が当該子を養育するために請求した場合においては、所定労働時間を超えて労働させてはならない。ただし、事業の正常な運営を妨げる場合は、この限りでない（育児・介護休業法16条の8第1項）。

エ　適　切。事業主は、事業の正常な運営を妨げる場合を除き、一定の要件を満たす小学校就学前の子を養育する労働者が、当該子を養育するために請求した場合は、午後10時から午前5時までの間において労働させてはならない（育児・介護休業法19条）。

解答　ウ

問題 39. 妊娠・出産・育児休業等を契機とする不利益取扱いに関する以下のアからエまでの記述のうち、最も<u>適切ではない</u>ものを１つ選びなさい。

ア．妊娠・出産や育児休業等の申出等をしたことを「理由として」とは、妊娠・出産・育児休業等の事由と不利益取扱いの間に「因果関係」があることを指し、妊娠・出産・育児休業等の事由を「契機として」不利益取扱いを行った場合は、原則として、「理由として」いると解され、法違反となる。

イ．妊娠・出産・育児休業等の事由を「契機として」いるか否かは、時間的に近接しているかで判断するとされているが、原則として、妊娠・出産、育児休業等の終了から１年以内に不利益取扱いがなされた場合は、妊娠・出産・育児休業等の事由を「契機として」いると判断される。

ウ．業務上の必要性から支障があるため当該不利益取扱いを行わざるを得ない場合において、当該不利益取扱いにより受ける影響の内容や程度を上回ると認められる特段の事情が存在すると認められるときであっても、妊娠・出産・育児休業等の事由を「契機として」不利益取扱いが行われれば、法違反となる。

エ．男女雇用機会均等法は、事業主が「妊産婦」に対してなされた解雇は、無効としているが、これは事業主が、当該解雇が妊娠・出産等を理由とする解雇ではないことを証明しない限り無効となり、労働契約が存続するものであることを意味する。

解説　妊娠・出産・育児休業等を契機とする不利益取扱い

ア　適　切。妊娠・出産や育児休業等の申出等をしたことを「理由として」とは、妊娠・出産・育児休業等の事由と不利益取扱いの間に「因果関係」があることを指し、妊娠・出産・育児休業等の事由を「契機として」不利益取扱いを行った場合は、原則として、「理由として」いると解され、法違反となる。

イ　適　切。妊娠・出産・育児休業等の事由を「契機として」いるか否かは、時間的に近接しているかで判断するとされているが、原則として、妊娠・出産、育児休業等の終了から1年以内に不利益取扱いがなされた場合は、妊娠・出産・育児休業等の事由を「契機として」いると判断される。

ウ　不適切。業務上の必要性から支障があるため当該不利益取扱いを行わざるを得ない場合において、当該不利益取扱いにより受ける影響の内容や程度を上回ると認められる特段の事情が存在すると認められるときは、妊娠・出産・育児休業等の事由を「契機として」不利益取扱いが行われても、法違反とならない。

エ　適　切。男女雇用機会均等法は、事業主が「妊産婦」に対してなされた解雇は、無効としているが、これは事業主が、当該解雇が妊娠・出産等を理由とする解雇ではないことを証明しない限り無効となり、労働契約が存続するものであることを意味する。

解答　ウ

問題40. 次の文章中の（　　）に入る<u>適切な</u>語句の組合せを、以下のアから
　　　　エまでのうち１つ選びなさい。

　　広島中央保健生活協同組合事件（最判平成26年10月23日）は、（　a　）
を契機として降格する措置は、原則として（　b　）９条３項が禁止す
る不利益取扱いにあたり無効とされた事例である。本件は、
例外１：自由な意思に基づいて降格を承諾したものと認めるに足りる合
理的な理由が客観的に存在するとき
例外２：転換とともに降格をする必要性があり、法の趣旨に反しないと
認める特段の事情が存在するとき
に該当するか否かが争点となったが、広島高裁の差戻審判決は、例外１
も例外２も認められないとして、請求認容判決を出した。

ア．a．妊娠中の軽易業務への転換　　　　b．男女雇用機会均等法

イ．a．妊娠中の軽易業務への転換　　　　b．育児・介護休業法

ウ．a．所定労働時間の短縮等の申出　　　b．男女雇用機会均等法

エ．a．所定労働時間の短縮等の申出　　　b．育児・介護休業法

解説　広島中央保健生活共同組合事件

　　広島中央保健生活共同組合事件（最判平成 26 年 10 月 23 日）は、
（**a．妊娠中の軽易業務への転換**）を契機として降格する措置は、原則
として（**b．男女雇用機会均等**法）9 条 3 項が禁止する不利益取扱いに
あたり無効とされた事例である。本件は、
例外 1：自由な意思に基づいて降格を承諾したものと認めるに足りる合
理的な理由が客観的に存在するとき
例外 2：転換とともに降格をする必要性があり、法の趣旨に反しないと
認める特段の事情が存在するとき
に該当するか否かが争点となったが、広島高裁の差戻審判決は、例外 1
も例外 2 も認められないとして、請求認容判決を出した。

解答　ア

問題 41. 男性の育児休業等ハラスメントに関する以下のアからエまでの記述のうち、最も<u>適切ではない</u>ものを1つ選びなさい（出典：厚生労働省「令和2年度職場のハラスメントに関する実態調査報告書」）。

ア. 過去5年間に受けた育児休業等ハラスメントの内容としては、「上司による、制度等の利用の請求や制度等の利用を阻害する言動」の割合が最も高く、次いで「同僚による、繰り返しまたは継続的に制度等の利用の請求や制度等の利用を阻害する言動」が高かった。

イ. 過去5年間に育児休業等ハラスメントを経験した者の割合は26.2%で、勤務先の従業員規模別では、99人以下の企業での割合が最も高く、1,000人以上の企業での割合が最も低かった。

ウ. 過去5年間にハラスメントを受ける要因となった理由・制度としては、「残業免除、時間外労働・深夜業の制限」の割合が最も高く、次に「育児休業」が高かった。

エ. 育児休業等ハラスメントを受けての心身への影響としては「怒りや不満、不安などを感じた」の割合が最も高く、次いで「仕事に対する意欲が減退した」が高かった。育児休業等ハラスメントを受けた後の行動としては、「社内の同僚に相談した」と「何もしなかった」の割合が最も高かった。

解説　男性の育児休業等ハラスメント

ア　適　切。過去５年間に受けた育児休業等ハラスメントの内容としては、
　　　　　　「上司による、制度等の利用の請求や制度等の利用を阻害する
　　　　　　言動」（53.4％）の割合が最も高く、次いで「同僚による、繰り
　　　　　　返しまたは継続的に制度等の利用の請求や制度等の利用を阻害
　　　　　　する言動」（33.6％）が高かった。

イ　適　切。過去５年間に育児休業等ハラスメントを経験した者の割合は
　　　　　　26.2%で、勤務先の従業員規模別では、99 人以下の企業で最も
　　　　　　割合が高く（31.1％）、1,000 人以上の企業で最も低かった
　　　　　　（21.7％）。

ウ　不適切。過去５年間にハラスメントを受ける要因となった理由・制度と
　　　　　　しては、「育児休業」（49.6％）の割合が最も高く、次に「残業
　　　　　　免除、時間外労働・深夜業の制限」（38.9％）が高かった。

エ　適　切。育児休業等ハラスメントを受けての心身への影響としては「怒
　　　　　　りや不満、不安などを感じた」（65.6％）の割合が最も高く、
　　　　　　次いで「仕事に対する意欲が減退した」（53.4％）が高かった。
　　　　　　育児休業等ハラスメントを受けた後の行動としては、「社内の同
　　　　　　僚に相談した」と「何もしなかった」の割合が 24.4％で最も高
　　　　　　く、続いて「社内の上司に相談した」（21.4％）、「家族や社外の
　　　　　　友人に相談した」（19.8％）が続いた。

解答　ウ

問題 42. 顧客等からの著しい迷惑行為に関する以下のアからエまでの記述のうち、最も<u>適切ではない</u>ものを１つ選びなさい。

ア．事業主は、顧客等からの著しい迷惑行為により、その雇用する労働者が就業環境を害されることのないよう、雇用管理上の配慮として、相談窓口を設置することが望ましい。

イ．厚生労働省の「職場のハラスメントに関する実態調査報告書（令和２年度）」によれば、労働者が過去３年間に顧客等から受けた著しい迷惑行為として最も多かったのは「著しく不当な要求」である。

ウ．顧客等からの著しい迷惑行為からその雇用する労働者が被害を受けることを防止する上では、事業主が、こうした行為への対応に関するマニュアルの作成や研修の実施等の取組を行うことも有効と考えられる。

エ．顧客等からの著しい迷惑行為は、業種・業態等によりその被害の実態や必要な対応も異なると考えられることから、事業主が業種・業態等における被害の実態や業務の特性等を踏まえて、それぞれの状況に応じた必要な取組を進めることも、被害の防止に当たっては効果的と考えられる。

| 解説　顧客等からの著しい迷惑行為 |

ア　適　切。事業主は、顧客等からの著しい迷惑行為により、その雇用する労働者が就業環境を害されることのないよう、雇用管理上の配慮として、相談窓口を設置することが望ましい。

イ　不適切。厚生労働省の「職場のハラスメントに関する実態調査報告書（令和２年度）」によれば、労働者が過去３年間に顧客等から受けた著しい迷惑行為として最も多かったのは「長時間の拘束や同じ内容を繰り返すクレーム（過度なもの）」である。

ウ　適　切。顧客等からの著しい迷惑行為からその雇用する労働者が被害を受けることを防止する上では、事業主が、こうした行為への対応に関するマニュアルの作成や研修の実施等の取組を行うことも有効と考えられる。

エ　適　切。顧客等からの著しい迷惑行為は、業種・業態等によりその被害の実態や必要な対応も異なると考えられることから、事業主が業種・業態等における被害の実態や業務の特性等を踏まえて、それぞれの状況に応じた必要な取組を進めることも、被害の防止に当たっては効果的と考えられる。

| 解答　イ |

問題 43. 厚生労働省の「カスタマーハラスメント対策企業マニュアル」にお
ける、カスタマーハラスメント対策に関する以下のアからエまでの
記述のうち、最も適切ではないものを1つ選びなさい。

ア. 現場でのクレーム初期対応として、謝罪は対象を明確にした上で限定
的に行うべきであり、正確に状況が把握できていない段階において、
企業として非を認めたような発言をすることは望ましくない。

イ. カスタマーハラスメントの行為別対応例として、「店舗外拘束型」に
は、「基本的には単独での対応は行わず、クレームの詳細を確認した
上で、対応を検討する。店外で対応する場合は、公共性の高い場所
を指定する。」と示されている。

ウ. カスタマーハラスメント対応と企業内でのハラスメント対応とには、
個別には異なる点はあるものの、未然防止対策やハラスメント行為者
に対する直接的な措置については、同種の措置をとることができる。

エ. 取引先企業との間に起こりうるハラスメントは、独占禁止法上の優越
的地位の濫用や下請代金支払遅延等防止法上の不当な経済上の利益
の提供要請に該当する可能性がある。

解説　カスタマーハラスメント

ア　適　切。記述の通り。非を認めて謝罪するのは、事実確認をして社内で判断をしたときであり、その際も、過失の程度に応じた謝罪をすることが望ましい。

イ　適　切。記述の通り。カスタマーハラスメントの「店舗外拘束型」は、「クレームの詳細が分からない状態で、職場外である顧客等の自宅や特定の喫茶店などに呼びつける。」とされ、選択肢のような対応例が示されている。他に「時間拘束型」「リピート型」「暴言型」「暴力型」「威嚇・脅迫型」「店舗外拘束型」「ＳＮＳ/インターネット上での誹謗中傷型」「セクシュアルハラスメント型」が挙げられている。

ウ　不適切。カスタマーハラスメント対応と企業内でのハラスメント対応との大きな違いとして、カスタマーハラスメント行為の場合、未然防止やハラスメント行為者に対する直接的な措置が直ちに行いづらい点がある。企業内でのハラスメント対応においては、未然防止の働きかけを行うことができ、行為者に対して指導・懲戒等の適切な措置を取ることができる。これに対し、カスタマーハラスメントにおいては、顧客等に対しハラスメント行為について未然防止の働きかけを行うことは容易でなく、顧客等による行為が社内でハラスメントだと認定されても、会社と顧客等との間に雇用関係がないため、出入り禁止や行為の差し止めといった直接的な措置を取るには利用規約（定型約款）や裁判などが必要なケースもある。

エ　適　切。業務の発注者、資材の購入者等、実質的に優位な立場にある企業が、取引先企業に過大な要求を課し、それに応えられない際に厳しく叱責する、取引を停止することや、業務とは関係のない私的な雑用の処理を強制的に行わせることは、独占禁止法上の優越的地位の濫用や下請代金支払遅延等防止法上の不当な経済上の利益の提供要請に該当し、刑事罰や行政処分を受ける可能性がある。

解答　ウ

問題 44．次の図は、就職活動におけるセクハラに関する調査のうち、回答が
多かった項目を並べたものである。図中の（　　）に入る最も<u>適切</u>
<u>な</u>項目の組合せを、以下のアからエまでのうち１つ選びなさい。

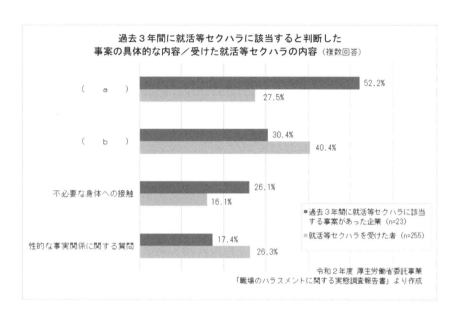

ア．a．性的な冗談やからかい　　　b．性的な関係の強要

イ．a．性的な冗談やからかい　　　b．食事やデートへの執拗な誘い

ウ．a．食事やデートへの執拗な誘い　　b．性的な関係の強要

エ．a．食事やデートへの執拗な誘い　　b．性的な冗談やからかい

解説　就活等セクハラに該当すると判断された事案の内容、受けた就活等セクハラの内容

過去３年間に就活等セクハラに該当すると判断した事案の具体的な内容
／受けた就活等セクハラの内容（複数回答）

	企業調査	受けた者調査
食事やデートへの執拗な誘い	52.2%	27.5%
性的な冗談やからかい	30.4%	40.4%
不必要な身体への接触	26.1%	16.1%
性的な事実関係に関する質問	17.4%	26.3%
性的な関係の強要	13.0%	9.4%
性的な内容の情報の流布	4.3%	16.5%
その他	8.7%	1.2%
性的な言動に対して拒否・抵抗したことによる不利益な扱い（採用差別、内定取消し等）		11.0%
	(n=23)	(n=255)

解答　エ

問題 45. 就活等ハラスメント（就職活動中又はインターンシップ中の学生に
　　　　対するハラスメントを指す。）に関する以下のアからエまでの記述
　　　　のうち、最も<u>適切ではない</u>ものを１つ選びなさい。

ア．パワハラ指針において、事業者に義務付けられているハラスメント防
　　止策の対象は、事業主が雇用する全労働者であり、就職活動中の学生
　　等の求職者は努力義務の対象となっている。

イ．厚生労働省の「職場のハラスメントに関する実態調査報告書（令和２
　　年度）」によれば、2017 年度から 2019 年度卒業で就職活動（転職を
　　除く）またはインターンシップを経験した男女の中で、就活等セクハ
　　ラを一度以上受けたと回答した者の割合は、約 10 人に１人であった。

ウ．近年は、就職活動中の学生に対するセクシュアルハラスメント等につ
　　いて、正式な採用活動のみならず、OB・OG 訪問等の場においても問題
　　化しており、企業は責任を自覚し、OB・OG 訪問等の際も含むセクシュ
　　アルハラスメント等の禁止、行った場合の厳正な対応等を研修等の実
　　施により周知徹底し、学生と接する際のルール策定等による未然の防
　　止が求められている。

エ．採用内定者は、雇用管理上の措置や相談等を理由とした解雇その他不
　　利益な取扱いの禁止の対象になり得る。

| 解説　就活等ハラスメント |

ア　適　切。パワハラ指針の「事業主が自らの雇用する労働者以外の者に対する言動に関し行うことが望ましい取組の内容」には、以下のようにあり、求職者を労働者と区別して対処等を「望ましい。」としている。

　　　　　　「事業主は、当該事業主が雇用する労働者が、他の労働者（他の事業主が雇用する労働者及び求職者を含む。）のみならず、個人事業主、インターンシップを行っている者等の労働者以外の者に対する言動についても必要な注意を払うよう配慮するとともに、事業主（その者が法人である場合にあっては、その役員）自らと労働者も、労働者以外の者に対する言動について必要な注意を払うよう努めることが望ましい。」

　　　　　　「こうした責務の趣旨も踏まえ、事業主は、4(1)イの職場におけるパワーハラスメントを行ってはならない旨の方針の明確化等を行う際に、当該事業主が雇用する労働者以外の者（他の事業主が雇用する労働者、就職活動中の学生等の求職者及び労働者以外の者）に対する言動についても、同様の方針を併せて示すことが望ましい。」

イ　不適切。厚生労働省の「職場のハラスメントに関する実態調査報告書（令和2年度）」によれば、「あなたは就職活動中またはインターンシップ参加中に、セクシュアルハラスメント（セクハラ）行為を受けたことはありますか。」との質問に対して、一度以上受けたと回答した者の割合は、約4人に1人（25.5%）であった。

ウ　適　切。近年は、就職活動中の学生に対するセクシュアルハラスメント等について、正式な採用活動のみならず、OB・OG訪問等の場においても問題化しており、企業は責任を自覚し、OB・OG訪問等の際も含むセクシュアルハラスメント等の禁止、行った場合の厳正な対応等を研修等の実施により周知徹底し、学生と接する際のルール策定等による未然の防止が求められている。

エ　適　切。採用内定者に関しては、裁判例では、採用内定の法的性質は事案により異なるとしつつ、採用内定通知のほかには労働契約締結のための特段の意思表示をすることが予定されていない事案において、採用内定通知により、始期付きの解約権を留保した労働契約が成立するとされている。このため、採用内定により

労働契約が成立したと認められる場合には、採用内定者についても、雇用管理上の措置や相談等を理由とした解雇その他不利益な取扱いの禁止の対象となり、採用内定取消しは不利益な取扱いに含まれる。

解答　イ

問題 46. ハラスメント行為者や使用者の損害賠償責任に関する以下のアか
らエまでの記述のうち、最も<u>適切ではない</u>ものを１つ選びなさい。

ア．他人の身体、自由若しくは名誉を侵害した場合又は他人の財産権を侵
害した場合のいずれであるかを問わず、不法行為により損害賠償の責
任を負う者は、財産以外の損害に対しても、その賠償をしなければな
らない。

イ．被用者の行為について、①被用者に不法行為があったこと、②使用者
と被用者の間に使用関係があること、③事業の執行について被用者が
不法行為を行ったこと、この３要件を満たした場合は、使用者の使用
者責任が認められる。

ウ．使用者は、その社員の選任及び事業の監督について相当の注意をし
た場合であっても、当該社員が事業の執行について他人に加えた損
害賠償責任を免れることはできない。

エ．使用者としての損害賠償責任を負担したことに基づき損害を被った
場合、企業はその原因となった被用者に対する求償が可能となるが、
損害の公平な分担の見地から求償権は信義則上一定限度に制限され
うる。

解説　ハラスメント行為者や使用者の損害賠償責任

ア　適　切。他人の身体、自由若しくは名誉を侵害した場合又は他人の財産権を侵害した場合のいずれであるかを問わず、不法行為により損害賠償の責任を負う者は、財産以外の損害に対しても、その賠償をしなければならない（財産以外の損害の賠償、民法710条）。

イ　適　切。使用者責任が成立するには、次の3つの要件を満たす必要がある。
① 被用者が不法行為により第三者に損害を与えたこと
② 被用者と会社との間に使用関係があること
③ 事業の執行について被用者が不法行為を行ったこと；事業執行性

ウ　不適切。ある事業のために他人を使用する者は、被用者がその事業の執行について第三者に加えた損害を賠償する責任を負うが、使用者が被用者の選任及びその事業の監督について相当の注意をしたとき、又は相当の注意をしても損害が生ずべきであったときは、この限りでない（民法715条）。

エ　適　切。・使用者が被害者に賠償した場合は被用者への求償が可能
・損害の公平な分担の見地から求償権は信義則上一定限度に制限されうる
「使用者が、その事業の執行につきなされた被用者の加害行為により、直接損害を被り又は使用者としての損害賠償責任を負担したことに基づき損害を被った場合には、使用者は、その事業の性格、規模、施設の状況、被用者の業務の内容、労働条件、勤務態度、加害行為の態様、加害行為の予防若しくは損失の分散についての使用者の配慮の程度その他諸般の事情に照らし、損害の公平な分担という見地から信義則上相当と認められる限度において、被用者に対し右損害の賠償又は求償の請求をすることができるものと解すべきである。」茨城石炭商事事件（最判昭51.7.8）

解答　ウ

問題 47. 職場におけるパワーハラスメント行為者の刑事責任に関する以下のアからエまでの記述のうち、最も<u>適切ではない</u>ものを１つ選びなさい。

ア．公然と事実を摘示し、人の名誉を毀損した者は、その事実の有無にかかわらず、名誉棄損罪として、懲役もしくは禁固又は科料に処せられる。

イ．暴行を加えた者が人を傷害するに至ったときは、暴行罪として、懲役若しくは罰金又は拘留若しくは科料に処せられる。

ウ．生命、身体、自由、名誉又は財産に対し害を加える旨を告知して人を脅迫した者は、脅迫罪として懲役又は罰金に処せられる。

エ．名誉棄損罪や侮辱罪については、告訴がなければ公訴を提起することができない。

解説　パワーハラスメント行為者の刑事責任

ア　適　切。公然と事実を摘示し、人の名誉を毀損した者は、その事実の有無にかかわらず、名誉棄損罪として、懲役もしくは禁固又は科料に処せられる（刑法230条）。

イ　不適切。暴行を加えた者が人を傷害するに至らなかったときは、暴行罪として2年以下の懲役若しくは30万円以下の罰金又は拘留若しくは科料に処せられる（刑法208条）。暴行を加えた者が人を傷害するに至ったときは、傷害罪として、15年以下の懲役又は50万円以下の罰金に処せられる（同法204条）。

ウ　適　切。生命、身体、自由、名誉又は財産に対し害を加える旨を告知して人を脅迫した者は、脅迫罪として2年以下の懲役又は30万円以下の罰金に処せられる（刑法222条）。

エ　適　切。名誉棄損罪や侮辱罪については、告訴がなければ公訴を提起することができない（刑法232条）。

解答　イ

問題 48. 民法における損害賠償請求と時効に関する以下のアからエまでの記述のうち、最も<u>適切ではない</u>ものを1つ選びなさい。

ア．時効は、時効によって利益を受ける者が時効を援用することで初めて効果が生じる。

イ．不法行為による損害賠償の請求権は、その不法行為の時から20年間行使しないときは、時効によって消滅する。

ウ．債権は、その債権者が権利を行使することができることを知った時から3年間行使しないときは、時効によって消滅する。

エ．人の生命又は身体の侵害による損害賠償請求権は、権利を行使することができる時から20年間行使しないときは、時効によって消滅する。

解説　損害賠償請求と時効

ア　適　切。時効は、時効によって利益を受ける者が時効を援用することで初めて効果が生じる（民法 145 条）。

イ　適　切。不法行為による損害賠償の請求権は、その不法行為の時から 20 年間行使しないときは、時効によって消滅する（民法 724 条）。

ウ　不適切。債権は、その債権者が権利を行使することができることを知った時から 5 年間行使しないときは、時効によって消滅する（民法 166 条 1 項 1 号）。

エ　適　切。人の生命又は身体の侵害による損害賠償請求権は、権利を行使することができる時から 20 年間行使しないときは、時効によって消滅する（民法 167 条）。

解答　ウ

問題 49. セクシュアルハラスメント等性犯罪に関する改正刑法についての以下のアからエまでの記述のうち、最も<u>適切ではない</u>ものを 1 つ選びなさい。

ア. 従来の「強制性交等罪」と「準強制性交等罪」の両罪を一つに統合した上で「不同意性交等罪」に名称を変更した。

イ. 性行為への同意を自ら判断できるとみなす年齢を「性交同意年齢」といい、今回の改正では性交同意年齢が 13 歳から 16 歳に引き上げられた。ただし、13 歳以上 16 歳未満に対しては、被害者より年齢が 5 歳以上上の行為者だった場合のみ適用される。

ウ. 盗撮は、従来各都道府県の条例で規制してきたが、地域ごとに罰則や対象となる行為にばらつきがあることなどから、刑法に盗撮を処罰する「撮影罪」が 2023 年に新設された。

エ. 性暴力の被害申告の難しさなどを踏まえて、性犯罪に関する公訴時効はいずれも 5 年延長された。

解説　性犯罪に関する改正刑法

ア　適　切。従来の「強制性交等罪」（177条）と「準強制性交等罪」（178条）の両罪を一つに統合した上で「不同意性交等罪」に名称を変更した。

イ　適　切。性行為への同意を自ら判断できるとみなす年齢は「性交同意年齢」と呼ばれているが、明治時代以後初めて性交同意年齢13歳から16歳に引き上げられた。ただし、13歳以上16歳未満に対しては、被害者より年齢が5歳以上上の行為者だった場合のみ適用される。

ウ　不適切。盗撮は、従来各都道府県の条例で規制してきたが、地域ごとに罰則や対象となる行為にばらつきがあることなどから、盗撮を処罰する「撮影罪」が新設されたが、刑法ではなく、新法である「性的な姿態を撮影する行為等の処罰及び押収物に記録された性的な姿態の影像に係る電磁的記録の消去等に関する法律」に規定されている。

エ　適　切。性暴力の被害申告の難しさなどを踏まえて、「不同意性交罪」の時効は10年から15年に、「不同意わいせつ罪」は7年から12年にそれぞれ延びた。

解答　ウ

問題 50. 安全配慮義務に関する以下のアからエまでの記述のうち、最も<u>適切</u>
<u>ではない</u>ものを１つ選びなさい。

ア．安全配慮義務について、従来は法律に規定がなく判例法理によってい
たが、2008 年３月に改正施行された労働安全衛生法に明文化された。

イ．自己保健義務は、労働安全衛生法に基づいて、自身の安全・健康を確
保するために労働者に課された義務であることから、会社に求められ
る安全配慮義務の内容には含まれない。

ウ．安全配慮義務について、判例は「信義則上の付随義務として、使用者
は労働者が労務提供のために設置する場所、設備もしくは器具等を使
用し又は使用者の指示のもとに労務を提供する過程において、労働者
の生命及び身体等を危険から保護するよう配慮すべき義務（安全配慮
義務）を負っている」としている。

エ．安全配慮義務に違反したか否かの判断においては、次の２つのポイン
トを押さえる必要がある。①労働者の健康を害する予測ができたかど
うか（予見可能性）、②会社が労働者の健康を害することの回避策は
あったかどうか、その回避策を怠ったかどうか（結果回避性）。

| 解説 | 安全配慮義務 |

ア　不適切。安全配慮義務について、従来は法律に規定がなく判例法理に
　　　　　　よっていたが、2008年3月に施行された労働契約法に明文化
　　　　　　された。

イ　適　切。自己保健義務は、労働安全衛生法に基づいて、自身の安全・健
　　　　　　康を確保するために労働者に課された義務であることから、会
　　　　　　社に求められる安全配慮義務の内容には含まれない。

ウ　適　切。安全配慮義務について、判例は「信義則上の付随義務として、
　　　　　　使用者は労働者が労務提供のために設置する場所、設備もしく
　　　　　　は器具等を使用し又は使用者の指示のもとに労務を提供する過
　　　　　　程において、労働者の生命及び身体等を危険から保護するよう
　　　　　　配慮すべき義務（安全配慮義務）を負っている」としている。

エ　適　切。安全配慮義務に違反したか否かの判断においては、次の2つの
　　　　　　ポイントを押さえる必要がある。①労働者の健康を害する予測
　　　　　　ができたかどうか（予見可能性）、②会社が労働者の健康を害す
　　　　　　ることの回避策はあったかどうか、その回避策を怠ったかどう
　　　　　　か（結果回避性）。

| 解答　ア |

問題51. 「心理的負荷による精神障害の認定基準」において、心理的負荷の強度が「強」と判断される例を以下のアからエまでのうち1つ選びなさい。

ア．上司による、治療を要さない程度の暴行による身体的攻撃（行為が反復・継続していない場合）

イ．同僚等から、人格や人間性を否定するような言動を執拗に受けた場合

ウ．業務をめぐる方針等において、周囲からも客観的に認識されるような対立が上司との間に生じた場合

エ．身体接触のない性的な発言のみのセクシュアルハラスメントであって、複数回行われたものの、会社が適切かつ迅速に対応し発病前にそれが終了した場合

|解説　心理的負荷の強度が「強」と判断される例|

ア　心理的負荷の強度が「中」と判断される。

イ　心理的負荷の強度が「強」と判断される。

ウ　心理的負荷の強度が「中」と判断される。

エ　心理的負荷の強度が「中」と判断される。

|解答　イ|

問題 52. 「心理的負荷による精神障害の認定基準」に関する以下のアからエ
までの記述のうち、最も適切ではないものを 1 つ選びなさい。

ア．心理的負荷による精神障害と認定される対象疾病は、国際疾病分類第
10 回修正版（「ICD－10」）第Ⅴ章「精神および行動の障害」に分類さ
れる精神障害であって、器質性のもの及び有害物質に起因するものを
除くものをいう。

イ．心理的負荷による精神障害労災として認定されるためには、次の①～
③のいずれかの要件を満たさなければならない。①対象疾病を発病し
ていること、②対象疾病の発病前おおむね 6 か月の間に、業務による
強い心理的負荷が認められること、③業務以外の心理的負荷及び個体
側要因により対象疾病を発病したとは認められないこと

ウ．対象疾病の発病に至る原因の考え方は、環境由来の心理的負荷と、個
体側の反応性、脆弱性との関係で精神的破綻が生じるかどうかが決ま
り、心理的負荷が非常に強ければ、個体側の脆弱性が小さくても精神
的破綻が起こるし、逆に脆弱性が大きければ、心理的負荷が小さくて
も破綻が生ずるとする「ストレス－脆弱性理論」に依拠している。

エ．本認定基準の別表 1 においては、業務による強い心理的負荷が認め
られるものを心理的負荷の総合評価を「強」と表記し、業務による強
い心理的負荷が認められないものを「中」又は「弱」と表記している
が、「弱」は日常的に経験するものであって一般的に弱い心理的負荷し
か認められないもの、「中」は経験の頻度は様々であって「弱」よりは
心理的負荷があるものの強い心理的負荷とは認められないものをい
う。

解説　「心理的負荷による精神障害の認定基準」

ア　適　切。心理的負荷による精神障害と認定される対象疾病は、国際疾病分類第 10 回修正版（「ICD－10」）第 V 章「精神および行動の障害」に分類される精神障害であって、器質性のもの及び有害物質に起因するものを除くものをいう。

イ　不適切。心理的負荷による精神障害労災として認定されるためには、次の①～③のいずれの要件も満たさなければならない。①対象疾病を発病していること、②対象疾病の発病前おおむね 6 か月の間に、業務による強い心理的負荷が認められること、③業務以外の心理的負荷及び個体側要因により対象疾病を発病したとは認められないこと。

ウ　適　切。対象疾病の発病に至る原因の考え方は、環境由来の心理的負荷と、個体側の反応性、脆弱性との関係で精神的破綻が生じるかどうかが決まり、心理的負荷が非常に強ければ、個体側の脆弱性が小さくても精神的破綻が起こるし、逆に脆弱性が大きければ、心理的負荷が小さくても破綻が生ずるとする「ストレス－脆弱性理論」に依拠している。

エ　適　切。本認定基準の別表 1 においては、業務による強い心理的負荷が認められるものを心理的負荷の総合評価を「強」と表記し、業務による強い心理的負荷が認められないものを「中」又は「弱」と表記しているが、「弱」は日常的に経験するものであって一般的に弱い心理的負荷しか認められないもの、「中」は経験の頻度は様々であって「弱」よりは心理的負荷があるものの強い心理的負荷とは認められないものをいう。

解答　イ

問題 53. 厚生労働省の調査によれば、メンタルヘルス対策に取り組んでいる事業所の割合は、全体の 59.2%となっている。次の図は、そのメンタルヘルス対策に取り組んでいる事業について回答率が高かった取組の項目を順に並べたものである。図中の（　　）に入る<u>適切な</u>項目の組合せを、以下のアからエまでのうち 1 つ選びなさい。

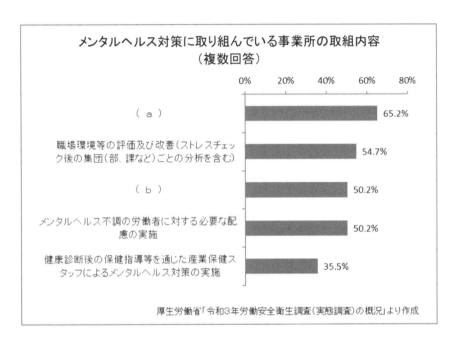

ア．a．メンタルヘルス対策に関する事業所内での相談体制の整備
　　b．ストレスチェックの実施

イ．a．メンタルヘルス対策に関する事業所内での相談体制の整備
　　b．職場復帰における支援

ウ．a．ストレスチェックの実施
　　b．メンタルヘルス対策に関する事業所内での相談体制の整備

エ．a．ストレスチェックの実施
　　b．職場復帰における支援

解説　メンタルヘルス対策の取組

ストレスチェックの実施	職場環境等の評価及び改善（ストレスチェック後の集団（部、課など）ごとの分析を含む）	メンタルヘルス対策に関する事業所内での相談体制の整備
65.2%	54.7%	50.2%

メンタルヘルス不調の労働者に対する必要な配慮の実施	健康診断後の保健指導等を通じた産業保健スタッフによるメンタルヘルス対策の実施	職場復帰における支援
50.2%	35.5%	24.8%

解答　ウ

問題 54. 人事権に関する以下のアからエまでの記述のうち、最も<u>適切ではないもの</u>を１つ選びなさい。

ア．使用者は、就業規則に基づいて人事権を有し、配置、異動、人事考課、昇進、昇格、降格、解雇などの権限を有する。

イ．労働契約上勤務場所が特定されている場合、その勤務場所を変更するためには、労働者の個別的同意が必要となる。

ウ．労働契約の締結の際に、または展開の中で、当該労働者の職種が限定されている場合は、この職種の変更は一方的な命令によってはなしえない。

エ．転勤命令につき業務上の必要性が存する場合であっても、他の不当な動機・目的をもってなされたものであるとき若しくは労働者に対し通常甘受すべき程度を著しく超える不利益を負わせるものであるときには、権利濫用になる。

解説　人事権

ア　不適切。使用者は、労働契約に基づいて人事権を有し、配置、異動、人事考課、昇進、昇格、降格、解雇などの権限を有する。

イ　適　切。記述の通り。職種限定の合意の存在が認められる場合、使用者はこの合意の範囲を超える職務への配転を一方的に命じることはできない。

ウ　適　切。労働契約の締結の際に、又は展開の中で、当該労働者の職種が限定されている場合は、この職種の変更は一方的な命令によってはなしえない。例えば、医師、看護師、ボイラー技士等の特殊の技術、技能、資格がある者については、職種の限定があるのが通常である。

エ　適　切。判例は、転勤命令につき業務上の必要性が存しない場合又は業務上の必要性が存する場合であっても、他の不当な動機・目的をもってなされたものであるとき若しくは労働者に対し通常甘受すべき程度を著しく超える不利益を負わせるものであるときには権利濫用になる、としている（最判昭 61.7.14　東亜ペイント事件）。

解答　ア

問題 55. 人事権に関する以下のアからエまでの記述のうち、最も適切ではないものを1つ選びなさい。

ア．労働契約の締結の際に、または展開の中で、当該労働者の職種が限定されている場合は、この職種の変更は一方的な命令によってはなしえない。

イ．労働契約上勤務場所が特定されている場合、その勤務場所を変更するためには、労働者の個別的同意が必要となる。

ウ．配転とは、現在の使用者との労働契約関係を終了させ、他の企業との間で新たに労働契約関係を成立させる人事異動である。

エ．転勤命令につき業務上の必要性が存する場合であっても、他の不当な動機・目的をもってなされたものであるとき若しくは労働者に対し通常甘受すべき程度を著しく超える不利益を負わせるものであるときには、権利濫用になる。

解説　人事権

ア　適　切。労働契約の締結の際に、又は展開の中で、当該労働者の職種が限定されている場合は、この職種の変更は一方的な命令によってはなしえない。例えば、医師、看護師、ボイラー技士等の特殊の技術、技能、資格がある者については、職種の限定があるのが通常である。

イ　適　切。労働契約上勤務場所が特定されている場合、その勤務場所を変更するためには、労働者の個別的同意が必要となる。職種限定の合意の存在が認められる場合、使用者はこの合意の範囲を超える職務への配転を一方的に命じることはできない。

ウ　不適切。配転とは、同一企業内における従業員の配置の変更であって、職務内容または勤務場所が相当の長期間にわたって変更されるものをいう。

エ　適　切。判例は、転勤命令につき業務上の必要性が存しない場合又は業務上の必要性が存する場合であっても、他の不当な動機・目的をもってなされたものであるとき若しくは労働者に対し通常甘受すべき程度を著しく超える不利益を負わせるものであるときには権利濫用になる、としている（最判昭 61.7.14　東亜ペイント事件）。

解答　ウ

問題 56. 懲戒処分に関する以下のアからエまでの記述のうち、最も<u>適切ではないもの</u>を１つ選びなさい。

ア．一般的に、けん責は口頭による注意であり、戒告は始末書を提出させて将来を戒める処分である。

イ．減給の制裁を定める場合は、減給は、１回の額が平均賃金の１日分の半額を超えてはならず、総額が一賃金支払期における賃金の総額の10分の１以下でなければならない。

ウ．懲戒処分の種類は、公序良俗に反しない範囲内で、事業場ごとに定めることができる。

エ．懲戒解雇は、解雇予告なしで行われる旨が就業規則に定められていても、労働者の責に帰すべき事由に基づいて解雇する場合は、労働基準監督署長の認定を受ける必要がある。

解説　懲戒処分

ア　不適切。戒告は口頭による注意であり、けん責は始末書を提出させて将来を戒める処分である。

イ　適　切。減給の制裁を定める場合は、減給は、1回の額が平均賃金の1日分の半額を超えてはならず、総額が一賃金支払期における賃金の総額の10分の1以下でなければならない。労働基準法91条に定められている。

ウ　適　切。懲戒処分の種類には、戒告・けん責、減給、出勤停止、降格、諭旨解雇・諭旨退職、懲戒解雇がある。これらは労働基準法で定められているわけではなく、公序良俗（民法90条）に反しない範囲内で、事業場ごとに定めることができる。

エ　適　切。懲戒解雇の場合は、一般に、即時に（解雇予告無しで）、退職金を支給せずになされる旨が就業規則に定められている。もっとも、懲戒解雇であれば当然に即時解雇できるわけではなく、労働者の責に帰すべき事由に基づいて解雇する場合において、労働基準監督署長の認定を受けたときに限り解雇予告義務が適用されないとされている点に注意しなければならない（労働基準法20条）。

解答　ア

問題 57. 懲戒処分に関する以下のアからエまでの記述のうち、最も適切ではないものを１つ選びなさい。

ア．減給の制裁を定める場合は、その減給は、１回の額が平均賃金の１日分の半額を超えてはならず、総額が一賃金支払期における賃金の総額の半分以下でなければならない。

イ．使用者が懲戒処分当時に認識していなかった当該労働者の非違行為は、当該懲戒処分の理由とされたものではないことから、特段の事情がない限り、事後的に懲戒処分の理由として追加することはできない。

ウ．企業によって異なることはあるが、一般的に、戒告は口頭のみの注意、けん責は従業員に始末書の提出を求めることを通して、従業員の将来を戒める処分である。

エ．就業規則に出勤停止及びその期間中の賃金を支払わない定めがある場合において、労働者がその出勤停止の制裁を受けるに至った場合、出勤停止期間中の賃金を受けられないことは、制裁としての出勤停止の当然の結果であるが、出勤停止の期間については、公序良俗の見地より当該事犯の情状の程度等により制限すべきである。

解説　懲戒処分

ア　不適切。減給の制裁を定める場合は、減給は、1回の額が平均賃金の1日分の半額を超えてはならず、総額が一賃金支払期における賃金の総額の10分の1以下でなければならない（労働基準法91条）。

イ　適　切。使用者が懲戒処分当時に認識していなかった当該労働者の非違行為は、当該懲戒処分の理由とされたものではないことから、特段の事情がない限り、事後的に懲戒処分の理由として追加することはできない。

ウ　適　切。企業によって異なることはあるが、一般的に、戒告は口頭のみの注意、けん責は従業員に始末書の提出を求めることを通して、従業員の将来を戒める処分である。

エ　適　切。行政解釈は、「就業規則に出勤停止及びその期間中の賃金を支払わない定めがある場合において、労働者がその出勤停止の制裁を受けるに至った場合、出勤停止期間中の賃金を受けられないことは、制裁としての出勤停止の当然の結果であって、通常の額以下の賃金を支給することを定める減給制裁に関する法第91条の規定には関係はない。ただし、出勤停止の期間については公序良俗の見地より当該事犯の情状の程度等により制限のあるべきことは当然である」（昭23・7・3基収第2177号）としている。

解答　ア

問題 58. 業務災害による療養期間中における解雇制限に関する次の文章中の
　　　　（　　）に入る適切な語句の組合せを、以下のアからエまでのうち
　　　　１つ選びなさい。

　労働基準法において、労働者が業務災害により、療養開始後（　a　）
を経過しても傷病が治らない場合に、使用者が平均賃金の（　b　）
分の打切補償の支払いをすることで、解雇制限が解除される。

　打切補償と解雇制限の解除は、労働基準法の療養補償が行われる場
合だけでなく、労働者災害補償保険法の療養補償給付が行われる場合
にも適用されるかどうかについて、判例は、労働者災害補償保険法の
療養補償給付を受ける労働者が、療養開始後（a）を経過しても疾病
等が治らない場合には、使用者は、当該労働者につき、労働基準法の
規定による打切補償の支払いをすることにより、解雇制限の除外事由
を定める同法の規定の適用を（　c　）と判示している。

ア．a．3年　　　　b．1,000日　　　c．受けることはできない

イ．a．1年　　　　b．1,000日　　　c．受けることができる

ウ．a．3年　　　　b．1,200日　　　c．受けることができる

エ．a．1年　　　　b．1,200日　　　c．受けることはできない

解説　打切補償と解雇制限

　労働基準法において、労働者が業務災害により、療養開始後（<u>a．3年</u>）を経過しても傷病が治らない場合に、使用者が平均賃金の（<u>b．1,200日</u>）分の打切補償の支払いをすることで、解雇制限が解除される。（労働基準法 19 条 1 項ただし書）。

　打切補償と解雇制限の解除は、労働基準法の療養補償が行われる場合だけでなく、労働者災害補償保険法の療養補償給付（労働者災害補償保険法 12 条の 8 第 1 項 1 号）が行われる場合にも適用されるかどうかについて、判例は、この点について、労働者災害補償保険法の療養補償給付を受ける労働者が、療養開始後 3 年を経過しても疾病等が治らない場合には、使用者は、当該労働者につき、労働基準法の規定による打切補償の支払をすることにより、解雇制限の除外事由を定める同法の規定の適用を（<u>c．受けることができる</u>）と判示している（専修大学事件、最判平 27.6.8）。

　以上により、a ＝「3 年」、b ＝「1,200 日」、c ＝「受けることができる」が入る。従って、正解はウとなる。

解答　ウ

問題59. 都道府県労働局長による紛争解決の援助等に関するアからエまでの
記述のうち、最も<u>適切ではない</u>ものを１つ選びなさい。

ア．都道府県労働局長による紛争解決は、都道府県労働局長が、労働者と
事業主との間のトラブルを公正・中立な立場から、当事者双方の意見
を十分に聴取し、双方の意見を尊重しつつ、問題解決に必要な具体策
の提示（助言・指導・勧告）をすることによりトラブルの解決を図る
制度である。

イ．都道府県労働局長による紛争解決の援助対象は、紛争の当事者である
男女労働者及び事業主並びに関連する労働組合、使用者団体である。

ウ．都道府県労働局長は、セクハラ、妊娠・出産・育児休業等に関するハ
ラスメントおよびパワハラに起因する問題についての労働者と事業
主間の紛争に関し、当該紛争の当事者の双方または一方から調停の申
請があった場合において、当該紛争の解決のために必要があると認め
るときは、紛争調整委員会に調停を行わせる。

エ．紛争調整委員会による調停は、セクハラとマタハラに関する場合は
「機会均等調停会議」、育児休業等に関するハラスメントの場合は
「両立支援調停会議」と呼ばれている。

都道府県労働局長による紛争解決の援助等

ア　適　切。都道府県労働局長が、労働者と事業主との間のトラブルを公正・中立な立場から、当事者双方の意見を十分に聴取し、双方の意見を尊重しつつ、問題解決に必要な具体策の提示（助言・指導・勧告）をすることによりトラブルの解決を図る制度である。

イ　不適切。都道府県労働局長による紛争解決の援助対象者は、紛争の当事者である男女労働者及び事業主であり、労働組合、使用者団体など紛争の当事者以外の第三者は対象とならない。

ウ　適　切。都道府県労働局長は、セクハラ、妊娠・出産・育児休業等に関するハラスメントおよびパワハラに起因する問題についての労働者と事業主間の紛争に関し、当該紛争の当事者の双方または一方から調停の申請があった場合において、当該紛争の解決のために必要があると認めるときは、紛争調整委員会に調停を行わせる。

エ　適　切。紛争調整委員会による調停は、セクハラとマタハラ（妊娠・出産等に関するハラスメント）の場合は「機会均等調停会議」、育児休業等に関するハラスメントの場合は「両立支援調停会議」と呼ばれている。

解答　イ

問題 60. 労働審判制度に関する以下のアからエまでの記述のうち、最も<u>適切ではないもの</u>を 1 つ選びなさい。

　ア．労働関係における紛争は、企業と労働組合間の集団的労使紛争と、企業と個々の労働者間の個別紛争に大別されるが、労働審判制度は後者に対象を限定している。

　イ．労働審判は、地方裁判所で行われる。

　ウ．労働審判は、裁判官 2 名と労働関係の専門的な知識経験を有する 1 名の労働審判員によって紛争処理を行う。

　エ．労働審判手続きは、労働者と使用者との間における紛争を迅速で集中的に解決するため、原則として 3 回以内の期日で、話合いによる解決を試みながら、最終的に審判を行う。

解説　労働審判制度

ア　適　切。労働関係における紛争は、企業と労働組合間の集団的労使紛争
　　　　　　と、企業と個々の労働者間の個別紛争に大別されるが、労働審
　　　　　　判制度は後者に対象を限定している。

イ　適　切。労働審判は、地方裁判所で行われる。

ウ　不適切。労働審判は、裁判官１名と労働関係の専門的な知識経験を有す
　　　　　　る２名の労働審判員によって紛争処理を行う。

エ　適　切。労働審判手続きは、労働者と使用者との間における紛争を迅速
　　　　　　で集中的に解決するため、原則として３回以内の期日で、話合
　　　　　　いによる解決を試みながら、最終的に審判を行う。

解答　ウ

問題 61. ハラスメントについてのトップ（事業主）のメッセージに関する
以下のアからエまでの記述のうち、最も<u>適切な</u>ものを１つ選びな
さい。

ア．「実際にハラスメントに気付いたら、すぐに上司に相談してくださ
い。上司に相談しにくい場合は、直接、私に（社内の相談窓口に）
相談してください。」とトップが発信することは、相談先を増やし
混乱を招くおそれがあり、避けることとされている。

イ．トップのメッセージは重要であるため、方針やガイドライン、規程等
と、厳格に分けて掲げなければならない。

ウ．トップのメッセージでは「職場のパワーハラスメントを行ってはならな
い」という方針を伝えることが求められているが、この企業理念は公的
に明文化されていない道徳的な共通認識によるものである。

エ．就業規則その他の職場における服務規律等を定めた文書において、職
場におけるパワーハラスメントに係る言動を行った者に対して厳正
に対処する旨を規定する措置を講じなければならないことが「パワハ
ラ指針」に規定されている。

解説　トップのメッセージ

ア　不適切。ハラスメントは企業のトップから全従業員が取り組む重要な会社の課題であり、トップ自らハラスメント対策に取り組む姿勢をメッセージに示すことは重要である。

イ　不適切。ハラスメントへの対処方針を定め、労働者に周知・啓発することは重要であるが、トップのメッセージは、方針やガイドライン、規程等と厳格に分ける必要はなく、それらを横断するような位置付けであっても問題ない。

ウ　不適切。「労働施策総合推進法」や「パワハラ指針」に規定されている。「パワハラ指針」において、「労働施策総合推進法第 30 条の 3 第 2 項の規定により、事業主は、職場におけるパワーハラスメントを行ってはならないことその他職場におけるパワーハラスメントに起因する問題に対するその雇用する労働者の関心と理解を深めるとともに、当該労働者が他の労働者に対する言動に必要な注意を払うよう、研修の実施その他の必要な配慮をするほか、国の講ずる同条第 1 項の広報活動、啓発活動その他の措置に協力するように努めなければならない。」とされている。

エ　適　切。「パワハラ指針」に「職場におけるパワーハラスメントに係る言動を行った者については、厳正に対処する旨の方針及び対処の内容を就業規則その他の職場における服務規律等を定めた文書に規定し、管理監督者を含む労働者に周知・啓発する」措置を講じなければならないと定められている。

解答　エ

問題 62. 厚生労働省「令和2年度職場のハラスメントに関する実態調査」
における「ハラスメント相談窓口の設置状況」に関する次の文章
中の（　　）に入る<u>適切な</u>語句の組合せを、以下のアからエまで
のうち1つ選びなさい。

ハラスメントの予防・解決のための取組として「相談窓口の設置と周
知」を行っている企業のうち、相談窓口を「（　a　）に設置してい
る」は 63.8%、「（　b　）に設置している」は 33.3%、「（　c　）
に設置している」は 2.9%であった。

対象：ハラスメントの予防・解決のため“相談窓口の設置と周知”をしていると
　　　回答した企業（n=4688）

ア．a．社内のみ　　　　　　　　b．社外のみ
　　c．社内と社外の両方

イ．a．社内のみ　　　　　　　　b．社内と社外の両方
　　c．社外のみ

ウ．a．社外のみ　　　　　　　　b．社内と社外の両方
　　c．社内のみ

エ．a．社内と社外の両方　　　　b．社内のみ
　　c．社外のみ

解説　相談窓口の設置状況

ハラスメントの予防・解決のための取組として「相談窓口の設置と周知」を行っている企業のうち、相談窓口を「(**a．社内のみ**)に設置している」は 63.8%、「(**b．社内と社外の両方**)に設置している」は 33.3%、「(**c．社外のみ**)に設置している」は 2.9% であった。

解答　イ

問題 63. 相談しやすい窓口の雰囲気づくりに関する次のaからdまでの記述のうち、<u>適切ではない</u>ものはいくつあるか。以下のアからエまでのうち1つ選びなさい。

a. 話しやすい雰囲気を作る冒頭の工夫として、自己紹介を丁寧に行うことが挙げられる。

b. 相談者の不安を解消するために、相談の冒頭に相談者のプライバシーや秘密を守ることを約束する必要がある。

c. 相談の冒頭の挨拶・説明に際しては、テンプレートを作っておいて書面にしておき、それを読み上げる方法をとってはならない。

d. 相談の冒頭に、自分がかつて経験したハラスメントの経験談を詳しく話すことも親近感の醸成に効果がある。

ア. 1つ　　　イ. 2つ　　　ウ. 3つ　　　エ. すべて正しい

解説　相談しやすい窓口の雰囲気づくり

a　適　切。相手が何者かもわからない者に対して人は口を開きにくいから、相談員の側から、氏名、所属部署を述べて挨拶する。例えば、「私は、相談員の山田太郎と申します。普段は人事部で仕事をしています。よろしくお願いいたします。」という冒頭挨拶をすれば、相談の流れができやすい。

b　適　切。例えば「相談内容の秘密は守られています。相談内容は記録しハラスメント対策委員会（人事部長）に報告しますが、それ以外の第三者に伝える場合には、情報を伝える必要性をご説明し、どのような情報を誰に伝えるかをお伝えして、ご了解を得てから第三者に伝えます。」などと伝える。

c　不適切。冒頭の挨拶・説明は、テンプレートを作っておいて書面にしておき、それを読み上げても構わない。形式的対応と思われるテンプレートの読み上げであっても、相談員が相談者に安心して相談してほしいという姿勢で臨んでいれば、相談者の信頼が獲得できなくなることはない。

d　不適切。自己の経験は、限定された状況下におけるものであって一般化することはできず、自分の経験談を延々と話す必要はないし、それによって相談者の心が離れてしまうおそれもある。

　cとdの2つが適切ではない。よって正解はイとなる。

解答　イ

問題 64. 利用しやすい相談窓口にするための措置に関する以下のアからエ
　　　　までの記述のうち、最も<u>適切ではない</u>ものを１つ選びなさい。

ア．人事担当や相談者の上司・カウンセラー等と連携し、適切な対応が取
　　れるよう、あらかじめフォロー体制を整備しておくとともに、第三者
　　を除いたハラスメント当事者からの相談も受け付けられるような体
　　制を整備する。

イ．相談は、面談に限定せず、電話や手紙・電子メール等でも受付が可能
　　な体制とする。

ウ．ポスター、リーフレットや研修資料などを使用し、従業員に対して相
　　談窓口や担当者を周知することも大切である。

エ．より一層、相談窓口を身近な存在にするために、相談窓口担当者は、
　　連絡を待っているだけでなく、従業員の職場を定期的に巡回してみる
　　ことも効果的である。

解説　利用しやすい相談窓口にするための措置

ア　不適切。人事担当や相談者の上司・カウンセラー等と連携し、適切な対応が取れるよう、あらかじめフォロー体制を整備しておくとともに、相談者のみでなく、第三者、行為者からの相談も受け付けられるような体制を整備する。

イ　適　切。相談は、面談に限定せず、電話や手紙・電子メール等でも受付が可能な体制とする。

ウ　適　切。ポスター、リーフレットや研修資料などを使用し、従業員に対して相談窓口や担当者を周知することも大切である。

エ　適　切。より一層、相談窓口を身近な存在にするために、相談窓口担当者は、連絡を待っているだけでなく、従業員の職場を定期的に巡回してみることも効果的である。

解答　ア

問題 65. 相談窓口の設置に関する以下のアからエまでの記述のうち、最も<u>適切な</u>ものを１つ選びなさい。

ア．2020年６月に改正労働施策総合推進法が施行され、事業主は職場におけるパワーハラスメント防止のために、相談窓口を設置することが義務化された。

イ．パワーハラスメントの内部相談窓口を設置する場合、セクシュアルハラスメントやコンプライアンスの相談窓口とは切り分け、独立した窓口を設けなければ相談窓口の効果は薄い。

ウ．内部相談窓口の設置に際しては、必ず管理職や従業員の中から相談員を選任しなければならない。

エ．相談のスキルや経験の十分な上司が相談員を担当する場合には、別の部署で相談を受け付けることや外部相談窓口を依頼する必要はない。

解説　相談窓口の設置

ア　適　切。2020 年 6 月に改正労働施策総合推進法が施行され、事業主は職場におけるパワーハラスメント防止のために、雇用管理上必要な措置を講じることが義務化された（中小企業は 2022 年 3 月末まで猶予期間）。相談窓口の設置は雇用管理上必要な措置の一環である。

イ　不適切。パワーハラスメントの内部相談窓口は、セクシュアルハラスメントやコンプライアンスの相談窓口と一本化してもよい。そもそも相談窓口への相談案件は、最初から「○○ハラスメント」として計画に分類できるものばかりではない。

ウ　不適切。内部相談窓口の設置に際しては、社内の診察機関、産業医、カウンセラーが、相談対応にあたる方法が挙げられ、必ずしも管理職や従業員を選任する必要はない。

エ　不適切。相談のスキルや経験の十分な上司が相談員を担当する場合には、別の部署でも相談を受け付けるようにしたり、外部相談窓口を依頼するなどして、複数の相談窓口を設けておく工夫が必要である。

解答　ア

問題 66.　外部相談窓口に関する以下のアからエまでの記述のうち、最も<u>適切</u>
　　　　　<u>ではない</u>ものを１つ選びなさい。

　　ア．外部相談窓口の設置により、経営幹部からの独立性を確保し、相談者
　　　　が安心して相談できる体制にすることができる。

　　イ．外部の機関としては、弁護士事務所・社会保険労務士事務所やコンサ
　　　　ルタント会社、相談代行会社などが考えられる。

　　ウ．厚生労働省の「職場のパワーハラスメントに関する実態調査報告書
　　　　（平成 28 年度）」によれば、全体の半数に近い会社が社外に相談窓口
　　　　を設置している。

　　エ．ハラスメント相談窓口での相談対応には、一次相談方式とカウンセ
　　　　ラー方式があり、外部に相談窓口を設ける場合には、一次相談方式が
　　　　主流である。

解説　外部相談窓口

ア　適　切。外部相談窓口の設置により、経営幹部からの独立性を確保し、相談者が安心して相談できる体制にすることができる。

イ　適　切。外部の機関としては、弁護士事務所・社会保険労務士事務所やコンサルタント会社、相談代行会社などが考えられる。

ウ　不適切。平成 28 年度厚生労働省委託事業「職場のパワーハラスメントに関する実態調査報告書」によれば、全体の 3 割に近い会社が社外に相談窓口を設置している。

エ　適　切。ハラスメント相談窓口での相談対応には、一次相談方式とカウンセラー方式があり、外部に相談窓口を設ける場合には、一次相談方式が主流である。

解答　ウ

問題 67. 外部相談窓口の活用におけるプライバシーの保護に関する以下のア
からエまでの記述のうち、最も<u>適切ではない</u>ものを１つ選びなさい。

ア．外部に相談窓口業務を委託する際には、プライバシー保護に関する規
定を契約に盛り込み、その内容についての開示は、契約者である事業
者に限定する。

イ．外部相談窓口の利用状況として、件数、性別、年代などの基本情報を
事業場に報告する際には、個人が特定できないように匿名性を確保す
る。

ウ．相談者の生命、身体、財産などを脅かすような可能性のある危機的状
況に関しては、必要最低限の部署などに情報を開示する。

エ．個別の相談事例を事業場に知らせる場合には、情報開示の内容、開示
する相手を相談者本人との間で合意しておく必要がある。

解説　外部相談窓口の活用におけるプライバシーの保護

ア　不適切。外部に相談窓口業務を委託する際には、プライバシー保護に関する規定を契約に盛り込み、その内容についての開示は、利用者である従業員に周知し、理解を求めておく。

イ　適　切。外部相談窓口の利用状況として、件数、性別、年代などの基本情報を事業場に報告する際には、個人が特定できないように匿名性を確保する。

ウ　適　切。相談者の生命、身体、財産などを脅かすような可能性のある危機的状況に関しては、必要最低限の部署などに情報を開示する。

エ　適　切。個別の相談事例を事業場に知らせる場合には、情報開示の内容、開示する相手を相談者本人との間で合意しておく。

解答　ア

問題 68. 厚生労働省委託事業「職場のハラスメントに関する実態調査報告書」
（令和２年度）における「受けたセクハラの内容（男女別）」につい
ての労働者等調査の回答結果に関する以下のアからエまでの記述の
うち、最も<u>適切ではない</u>ものを１つ選びなさい。

ア．最も多かった項目は「不必要な身体への接触」で、二番目は「性的な
冗談やからかい」であった。

イ.「食事やデートへの執拗な誘い」は女性のほうが男性より割合が高かっ
た。

ウ.「性的な言動に対して拒否・抵抗したことによる不利益な取扱い」は
男性のほうが女性より割合が高かった。

エ.「性的な内容の情報の流布」は男性のほうが女性より割合が高かった。

解説　セクシュアルハラスメントの内容（男女別）

　　受けたセクハラの内容については、「性的な冗談やからかい」（49.8%）が最も多く、次いで「不必要な身体への接触」（22.7%）が多かった。男女別でみると、「性的な冗談やからかい」、「不必要な身体への接触」、「食事やデートへの執拗な誘い」などは女性の方が男性より割合が高く、「性的な言動に対して拒否・抵抗したことによる不利益な取扱い」、「性的な内容の情報の流布」などは男性の方が女性より割合が高かった。

ア　不適切。受けたセクシュアルハラスメントの内容については、「性的な冗談やからかい」（49.8%）が最も多く、次いで「不必要な身体への接触」（22.7%）が多かった。

イ　適　切。「食事やデートへの執拗な誘い」は女性（20.2%）のほうが男性（14.0%）より割合が高かった。

ウ　適　切。「性的な言動に対して拒否・抵抗したことによる不利益な取扱い」は男性（20.9%）のほうが女性（8.6%）より割合が高かった。

エ　適　切。「性的な内容の情報の流布」は男性（13.2%）のほうが女性（7.3%）より割合が高かった。

解答　ア

問題 69. 厚生労働省「パワーハラスメント社内相談窓口の設置と運用のポイント（第4版）」に示されている相談への対応の流れの例に関する次の図中の（　）に入る最も<u>適切な</u>語句の組合せを、以下のアからエまでのうち1つ選びなさい。

相談への対応の流れ（例）

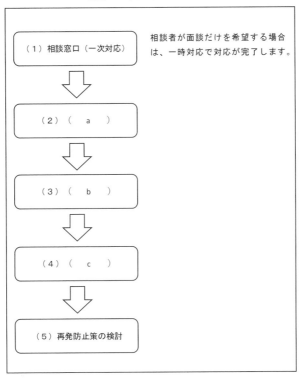

ア．a．事実関係の確認　　b．行為者・相談者へのとるべき措置を検討
　　c．行為者・相談者へのフォロー

イ．a．行為者・相談者へのフォロー　　　　b．事実関係の確認
　　c．行為者・相談者へのとるべき措置を検討

ウ．a．事実関係の確認　　　　b．行為者・相談者へのフォロー
　　c．行為者・相談者へのとるべき措置を検討

エ．a．行為者・相談者へのフォロー
　　b．行為者・相談者へのとるべき措置を検討　　c．事実関係の確認

解説　対応手順

厚生労働省「パワーハラスメント社内相談窓口の設置と運用のポイント（第4版）」に示されている相談への対応の流れの例は以下の通りである。

相談への対応の流れ（例）

```
┌─────────────────────────────────────────────────────────┐
│  ┌──────────────────────┐   相談者が面談だけを希望する場合は、 │
│  │ (1) 相談窓口（一次対応）│   一次対応で対応が終了します。        │
│  └──────────────────────┘                                  │
│           ▼                                                │
│  ┌──────────────────────┐                                  │
│  │ (2) 事実関係の確認     │                                  │
│  └──────────────────────┘                                  │
│           ▼                                                │
│  ┌──────────────────────┐                                  │
│  │ (3) 行為者・相談者への  │                                  │
│  │    とるべき措置を検討   │                                  │
│  └──────────────────────┘                                  │
│           ▼                                                │
│  ┌──────────────────────┐                                  │
│  │ (4) 行為者・相談者への  │                                  │
│  │    フォロー            │                                  │
│  └──────────────────────┘                                  │
│           ▼                                                │
│  ┌──────────────────────┐                                  │
│  │ (5) 再発防止策の検討    │                                  │
│  └──────────────────────┘                                  │
└─────────────────────────────────────────────────────────┘
```

解答　ア

問題 70. 職場のパワーハラスメントの行為者・相談者に対してとるべき措置
における、和解調整に関する以下のアからエまでの記述のうち、最
も<u>適切ではない</u>ものを１つ選びなさい。

ア．相談者・行為者に対する措置と和解調整の措置とは相対立するもので
はない。

イ．和解調整の措置を行うに際しては、相談者および行為者の希望（意
向）を確認することが重要である。

ウ．和解調整は、相談者・行為者の問題を調停する措置であるため、事実
内容は確定されなければならない。

エ．和解調整の措置として、メンタル面から従業員を支援するための EAP
の導入が注目されており、これは「企業の社会的責任」を表す CSR の
一環ともされている。

解説　和解調整

ア　適　切。相談者・行為者に対する措置と和解調整の措置とは相対立する
　　　　　　ものではなく、並行して進めることもあるし、行為者の処分よ
　　　　　　りも話し合いを先行させた方が有効と判断される場合には和解
　　　　　　調整を優先的に進めるというように、状況により柔軟に運用す
　　　　　　べきである。

イ　適　切。和解調整は話し合い・調停の要素があるから、当事者双方の同
　　　　　　意と互譲がなければ功を奏しないし、当事者の意向を無視して
　　　　　　話し合いを進めると、当事者の不満が高まるなどして、かえっ
　　　　　　て紛争が深刻化しかねない。

ウ　不適切。必ずしも事実の確定にこだわらなくてもよい。事実を裏付ける
　　　　　　資料や証言が得られず職場におけるハラスメントの事実が確認
　　　　　　できない場合でも、関係改善援助やメンタルケア等は行える。

エ　適　切。ハラスメントが生じた事実が確認できた場合の被害者に対する
　　　　　　配慮のための和解調整の措置の一つとして、EAP（Employee
　　　　　　Assistance Program）の構築が挙げられる。EAP のもと、被害
　　　　　　者と行為者の間の関係改善に向けての援助や行為者の謝罪の実
　　　　　　施、管理者（上司）や産業保健スタッフ等による被害者のメン
　　　　　　タル不調への相談対応等の措置が実施される。

解答　ウ

問題 71. ハラスメントの事実確認に関する以下のアからエまでの記述のう
　　　　ち、最も<u>適切ではない</u>ものを1つ選びなさい。

　ア．事実確認によりハラスメントが生じた事実が確認できた場合、まず最
　　　初に行うことは、被害者に対する配慮のための措置を迅速にとること
　　　であり、被害者と行為者を引き離すための配置転換、被害者の労働条
　　　件上の不利益の回復などが挙げられる。

　イ．ハラスメントの行為者に対する事実確認が必要な場合は、行為者に対
　　　する聞き取り調査を行うが、その際には相談者に事前に許可を得る必
　　　要がある。

　ウ．事実確認によりハラスメントが生じた事実が確認できた場合は、上司
　　　や産業保健スタッフ、従業員支援プログラムなどによる被害者のメン
　　　タルヘルス不調への相談対応の措置も行う必要がある。

　エ．ハラスメントの事実確認は、一般的に、相談者の聴取→関係者の聴
　　　取→行為者の聴取の順に行われるが、行為者による証拠隠滅の恐れが
　　　ある場合は、関係者より先に行為者の事情聴取を実施することも考え
　　　られる。

解説　ハラスメントの事実確認

ア　適　切。事実確認により、ハラスメントが生じた事実が確認できた場合、まず、最初に行うことは、被害者に対する配慮のための措置を迅速にとることであり、被害者と行為者を引き離すための配置転換、被害者の労働条件上の不利益の回復などが挙げられる。

イ　適　切。ハラスメントの行為者に対する事実確認が必要な場合、行為者に対する聞き取り調査を行うが、その際には相談者に事前に許可を得る必要がある。

ウ　適　切。事実確認により、ハラスメントが生じた事実が確認できた場合、上司や産業保健スタッフ、従業員支援プログラムなどによる被害者のメンタルヘルス不調への相談対応の措置も行う必要がある。

エ　不適切。ハラスメントの事実確認は、一般的に、相談者の聴取→行為者の聴取→関係者の聴取の順に行われるが、行為者による証拠隠滅の恐れがある場合や事実を固めて準備してから行為者に確認した方がよいと判断した場合は、行為者より先に関係者の事情聴取を実施することも考えられる。

解答　エ

問題 72. 事実関係の確認に関する以下のアからエまでの記述のうち、最も<u>適切な</u>ものを1つ選びなさい。

　ア．行為者や第三者に事実確認を行う際は、相談者の了解を得なければならない。

　イ．行為者に対して事実確認を行う際は、原則として相談者側の立場で行為者の話を聴く。

　ウ．第三者に事実確認を行う際は、情報を多く収集するため、事実確認を行う対象は可能な限り多くする。

　エ．第三者に事実確認を行った場合、相談者、行為者、第三者それぞれの主張を必ず一致させる必要がある。

| 解説　事実関係の確認 |

ア　適　切。あくまでも相談者の了承を得ることが第一である。

イ　不適切。行為者に対して事実確認を行う際は、中立な立場で行為者の話を聴く。行為者も従業員の一人であり、最初から犯人扱いをしたり、語気を荒げたりすることなく、事実をしっかり聞き取ることが大切である。

ウ　不適切。第三者に話を聞くことで、当該問題が外部に漏れやすくなるので、事実確認を行う対象となる人数は、できる限り絞って行う。第三者にも守秘義務について十分理解させる。相談者にも「●●さんと●●さんだけに話を聞いている」と明確に伝えるとよい。

エ　不適切。相談者、行為者、第三者の意見が一致するとは限らない。それぞれの主張を合理的に判断する情報と考えるようにする。

| 解答　ア |

問題 73. セクシュアルハラスメント認定をする際の注意事項に関する以下のアからエまでの記述のうち、最も<u>適切ではない</u>ものを１つ選びなさい。

ア．セクシュアルハラスメントの行為者に対する処分は、会社の人事に関することであり会社が処分の具体的な内容や処分の理由を明らかにする義務はないことや、関係者のプライバシーの保護の必要性は加害者についても同様であるとして、処分の具体的内容や処分の理由を明らかにしないことは、義務違反にはならない。

イ．セクシュアルハラスメント認定をする際には、被害者が明確な拒否の姿勢を示していなかったとしても、そのような事情を行為者に有利な事情として斟酌すべきではない。

ウ．セクシュアルハラスメント認定をする際には、性的被害者の行動パターンを一義的に経験則化し、それに合致しない行動は、架空のものとして排斥しなければならない。

エ．セクシュアルハラスメントが原因で労災事案が起こってしまった場合は、労働基準監督署による調査等に真摯に向き合うとともに、社内で再発防止策をきちんと講じていくという姿勢が重要である。

解説　セクシュアルハラスメント認定をする際の注意事項

ア　適　切。セクシュアルハラスメントの行為者に対する処分は、会社の人事に関することであり会社が処分の具体的な内容や処分の理由を明らかにする義務はないことや、関係者のプライバシーの保護の必要性は加害者についても同様であるとして、処分の具体的内容や処分の理由を明らかにしないことは、義務違反にはならない。

イ　適　切。セクシュアルハラスメント認定をする際には、被害者が明確な拒否の姿勢を示していなかったとしても、そのような事情を行為者に有利な事情として斟酌すべきではない。

ウ　不適切。セクシュアルハラスメント認定をする際には、性的被害者の行動パターンを一義的に経験則化し、それに合致しない行動は、架空のものであると排斥することはできない。

エ　適　切。セクシュアルハラスメントが原因で労災事案が起こってしまった場合は、労働基準監督署による調査等に真摯に向き合うとともに、社内で再発防止策をきちんと講じていくという姿勢が重要である。

解答　ウ

問題 74. ハラスメントの事実関係の調査結果を踏まえ、会社として取るべき対応に関する以下のアからエまでの記述のうち、最も<u>適切ではない</u>ものを１つ選びなさい。

ア．ハラスメントがあったと判断できる場合で、会社が相談者から民事訴訟を提起される恐れがある場合には、紛争の長期化を避けるため、個別労働紛争解決制度のあっせん手続きや労働審判を活用することも考えられる。

イ．ハラスメントがあったと判断できる場合の対応としては、行為者又は相談者への注意・指導、行為者から相談者への謝罪、人事異動、懲戒処分などが考えられる。

ウ．ハラスメントがあったと判断できる場合で、特に重大・深刻な場合、相談者が懲戒処分等を希望しているときは、解決方法について弁護士や社会保険労務士に相談することも考えられる。

エ．ハラスメントがあったと判断することはできないが、そのままでは事態が悪化する可能性があると考えられる場合は、継続して調査を行い、ハラスメントがあったと判断できるまでは、行為者に対する働きかけを始めてはならない。

解説　事実関係の調査結果を踏まえ、会社として取るべき対応

ア　適　切。ハラスメントがあったと判断できる場合で、会社が相談者から民事訴訟を提起される恐れがある場合など、紛争の長期化を避けるため、個別労働紛争解決制度のあっせん手続きや労働審判を活用することも考えられる。

イ　適　切。ハラスメントがあったと判断できる場合の対応としては、行為者又は相談者への注意・指導、行為者から相談者への謝罪、人事異動、懲戒処分などが考えられる。

ウ　適　切。ハラスメントがあったと判断できる場合で、特に重大・深刻な場合、相談者が懲戒処分等を希望しているときは、解決方法について弁護士や社会保険労務士に相談することも考えられる。

エ　不適切。ハラスメントがあったと判断することはできないが、そのままでは事態が悪化する可能性があると考えられる場合、会社としては、行為者への注意・指導や席替え・配置転換の実施など、何らかの措置を講ずるべきである。

解答　エ

問題 75. 勤務先によるハラスメントの認識とその対応に関する以下のアから
エまでの記述のうち、最も<u>適切ではない</u>ものを 1 つ選びなさい。（出
典：厚生労働省「職場のハラスメントに関する実態調査報告書（令
和 2 年度）」）

ア．勤務先によるハラスメントの認識については、「認識していた」の割
合がパワハラでは 34.4%、セクハラでは 30.2% と半数を下回ってい
る。

イ．勤務先によるハラスメントの認識については、「認識していた」の割合
が顧客等からの著しい迷惑行為については 57.3% と半数を上回り、パ
ワハラやセクハラと比べ、勤務先が認識していたと回答した割合が高
かった。

ウ．ハラスメントを知った後の勤務先の対応としては、パワハラでは「あ
なたに事実確認のためのヒアリングを行った」（47.1%）が最も高かっ
た。

エ．ハラスメントを知った後の勤務先の対応として、セクハラでは「あな
たの要望を聞いたり、問題を解決するために相談にのってくれた」
（34.6%）が最も高かった。

解説　勤務先によるハラスメントの認識とその対応

ア　適　切。勤務先によるハラスメントの認識については、「認識していた」
の割合がパワハラでは 34.4％、セクハラでは 30.2％と半数を下
回っている。

イ　適　切。勤務先によるハラスメントの認識については、「認識していた」
の割合が顧客等からの著しい迷惑行為については 57.3％と半
数を上回り、パワハラやセクハラと比べ、勤務先が認識してい
たと回答した割合が高かった。

ウ　不適切。ハラスメントを知った後の勤務先の対応としては、パワハラで
は「特に何もしなかった」（47.1％）が最も高かった。

エ　適　切。ハラスメントを知った後の勤務先の対応として、セクハラでは
「あなたの要望を聞いたり、問題を解決するために相談にのっ
てくれた」（34.6％）が最も高かった。

解答　ウ

問題 76. 次の図は、従業者に対する「パワハラを受けて何もしなかった理由」に関する調査の結果で、回答が多かった項目の上位を順に並べたものである。図中の（　　）に入る最も<u>適切な</u>項目の組合せを、以下のアからエまでのうち１つ選びなさい。

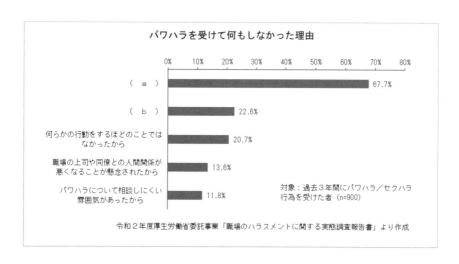

ア．a．職務上不利益が生じると思ったから
　　b．何をしても解決にならないと思ったから

イ．a．何をしても解決にならないと思ったから
　　b．パワハラについて相談できる窓口や担当部署がなかったから

ウ．a．何をしても解決にならないと思ったから
　　b．職務上不利益が生じると思ったから

エ．a．パワハラについて相談できる窓口や担当部署がなかったから
　　b．何をしても解決にならないと思ったから

解説 ハラスメントに対する対応

パワハラを受けて何もしなかった理由については、「何をしても解決になら
ないと思ったから」の割合が最も高かった。

パワハラを受けて何もしなかった理由（単位：%）

何をしても解決にならないと思ったから（a）	67.7
職務上不利益が生じると思ったから（b）	22.6
何らかの行動をするほどのことではなかったから	20.7
職場の上司や同僚との人間関係が悪くなることが懸念されたから	13.6
パワハラについて相談しにくい雰囲気があったから	11.8
パワハラ行為がさらにエスカレートすると思ったから	9.8
パワハラについて相談できる窓口や担当部署がなかったから	8.8
経営者や役員など経営層が行為者だったから	7.7

解答　ウ

問題 77. 次の図は、パワーハラスメントを受けたと感じた場合の心身への
影響に関する調査において、回答率が高かった項目の上位を順に
並べたものである。図中の（　　）に入る最も<u>適切な</u>項目の組合
せを、以下のアからエまでのうち１つ選びなさい。

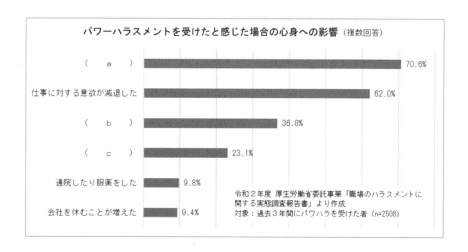

ア．a．眠れなくなった
　　b．職場でのコミュニケーションが減った
　　c．怒りや不満、不安などを感じた

イ．a．怒りや不満、不安などを感じた
　　b．職場でのコミュニケーションが減った
　　c．眠れなくなった

ウ．a．怒りや不満、不安などを感じた
　　b．眠れなくなった
　　c．職場でのコミュニケーションが減った

エ．a．職場でのコミュニケーションが減った
　　b．怒りや不満、不安などを感じた
　　c．眠れなくなった

解説	安心して相談できる相談窓口づくり

同調査の回答結果は以下の通りである。

パワーハラスメントを受けたと感じた場合の心身への影響（複数回答、n=2508）

a：怒りや不満、不安などを感じた	仕事に対する意欲が減退した	b：職場でのコミュニケーションが減った	c：眠れなくなった	通院したり服薬をした	会社を休むことが増えた	入院した	その他	特に影響はなかった
70.6%	62.0%	36.8%	23.1%	9.8%	9.4%	1.1%	2.5%	6.9%

解答	イ

問題 78. 職場におけるハラスメントの予防と対応のうち、個人として気を
つけなければならないことに関する以下のアからエまでの記述
のうち、最も<u>適切ではない</u>ものを 1 つ選びなさい。

ア．職場におけるハラスメント、またはそれに近い言動の大きな原因に
は、職務上の上下関係や、正社員と非正規社員の関係、男性・女性の
関係などのように、本来は人格価値と関連のない関係性に基づいて、
相手の人格を軽視してしまうことがある。

イ．上司によるパワーハラスメントについては、忍耐しつつ部下を指導し
ていた上司が我慢の「決壊点」を超えてハラスメントに及ぶケースが
ある。そこで、上司は自分の感情を意識しコントロールする意識を持
つことが求められる。

ウ．上司や同僚には到底使えない言葉を部下や非正規社員に使っていない
だろうか、社外の人に対してであれば絶対しないはずのことを同僚に
していないだろうかといった意識を持つことも大切である。

エ．厚生労働省の「職場のパワーハラスメントに関する実態調査報告書
（平成 28 年度）」によれば、管理職がパワーハラスメントに関連し
て気をつけていることとして、「部下、同僚の気持ちを傷つけないよ
うに言い方や態度に注意している」と回答した者の比率が 58.5％で
最も高かった。

| 解説　個人として気をつけなければならないこと |

ア　適　切。職場におけるハラスメント、またはそれに近い言動の大きな原因には、職務上の上下関係や、正社員と非正規社員の関係、男性・女性の関係などのように、本来は人格価値と関連のない関係性に基づいて、相手の人格を軽視してしまうことがあると思われる。

イ　適　切。上司によるパワーハラスメントについては、忍耐しつつ部下を指導していた上司が我慢の「決壊点」を超えてハラスメントに及ぶケースがある。そこで、上司は自分の感情を意識しコントロールする意識を持つことが求められる。

ウ　適　切。上司や同僚には到底使えない言葉を部下や非正規社員に使っていないだろうか、社外の人であれば絶対しないはずのことを同僚にしていないだろうかといった意識をもつことも大切である。

エ　不適切。厚生労働省の「職場のパワーハラスメントに関する実態調査報告書（平成 28 年度）」によれば、管理職がパワーハラスメントに関連して気をつけていることとして、「あなた自身がパワーハラスメントと言われるようなことをしないように注意している」と回答した者の比率が 58.5％で最も高かった。

| 解答　エ |

問題 79. 次の表は、「ハラスメントの予防・解決の予防・解決のために勤務先が今後実施した方がよい取組」に関する従業員調査における主な項目を表したもので、枠内の文は、表についての説明である。表と文中の（　　）に入る適切な語句の組合せを、以下のアからエまでのうち1つ選びなさい。

勤務先が今後実施した方がよい取組
（複数回答、単位：％）

（　　a　　）	30.4
（　　b　　）	28.7
労働者や労働組合等の参加の促進	17.9
特にない	49.9

　勤務先が今後実施した方がよい取組としては、約半数（49.9％）が「特にない」と回答していた。
　具体的な取組としては、「（　a　）」（30.4％）が最も割合が高く、次いで「（　b　）」（28.7％）が高かった。
　業種別でみると、「（　c　）」や「金融業、保険業」では「（a）」の割合が高く、「情報通信業」では「（b）」の割合が高かった。

出典：厚生労働省委託事業「職場のハラスメントに関する実態調査報告書」（令和2年度）（対象：全回答者、n＝8,000）

ア．a．コミュニケーションの活性化や円滑化のための取組
　　b．顧客や取引先からの迷惑行為に関する取組
　　c．教育、学習支援業

イ．a．コミュニケーションの活性化や円滑化のための取組
　　b．職場環境の改善のための取組
　　c．電気・ガス・熱供給・水道業

ウ．a．コミュニケーションの活性化や円滑化のための取組
　　b．職場環境の改善のための取組
　　c．教育、学習支援業

エ．a．職場環境の改善のための取組
　　b．コミュニケーションの活性化や円滑化のための取組
　　c．教育、学習支援業

解説　勤務先が今後実施した方がよい取組

> 　勤務先が今後実施した方がよい取組としては、約半数（49.9%）が「特にない」と回答していた。
> 　具体的な取組としては、「（<u>**a：コミュニケーションの活性化や円滑化のための取組**</u>）」（30.4%）が最も割合が高く、次いで「（<u>**b：職場環境の改善のための取組**</u>）」（28.7%）が高かった。
> 　なお業種別でみると、「（<u>**c：教育、学習支援業**</u>）」や「金融業、保険業」では「（<u>**a：コミュニケーションの活性化や円滑化のための取組**</u>）」の割合が高く、「情報通信業」では「（<u>**b：職場環境の改善のための取組**</u>）」の割合が高かった。

解答　ウ

問題 80. 次の図は、労働者等調査「職場の特徴（パワハラ経験有無別）」の結果で、主な項目を並べたものである。図中の（　　）に入る最も<u>適切な</u>項目の組合せを、以下のアからエまでのうち１つ選びなさい。

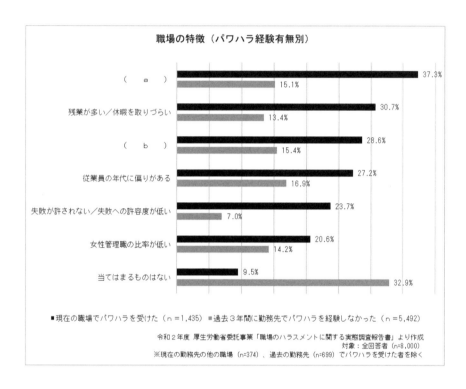

ア．a．業績が低下している／低調である
　　b．上司と部下のコミュニケーションが少ない／ない

イ．a．上司と部下のコミュニケーションが少ない／ない
　　b．業績が低下している／低調である

ウ．a．上司と部下のコミュニケーションが少ない／ない
　　b．従業員間に冗談、おどかし、からかいが日常的に見られる

エ．a．従業員間に冗談、おどかし、からかいが日常的に見られる
　　b．業績が低下している／低調である

15598414

759

ハラスメントアドバイザー認定試験 公式精選問題集

解説　職場のパワーハラスメントの現状

現在の勤務先でパワハラを経験した者と、パワハラを経験しなかった者とで職場の特徴の回答を比較すると、「従業員が女性ばかりである」を除いたすべての職場の特徴について、パワハラを経験した者の方が経験しなかった者よりも回答割合が高かった。

特に、パワハラを経験しなかった回答者を基準にパワハラを受けた人の回答割合をみると、「上司と部下のコミュニケーションが少ない／ない」、「ハラスメント防止規定が制定されていない」、「失敗が許されない／失敗への許容度が低い」、「従業員間に冗談、おどかし、からかいが日常的に見られる」などにおいて、経験した者の回答割合が高い。

職場の特徴（パワハラ経験有無別）※上位５項目

現在の職場でパワハラを受けた（n=1,435）

（a：上司と部下のコミュニケーションが少ない／ない）	37.3%
残業が多い／休暇を取りづらい	30.7%
（b：業績が低下している／低調である）	28.6%
従業員の年代に偏りがある	27.2%
失敗が許されない／失敗への許容度が低い	23.7%

過去３年間に勤務先でパワハラを経験しなかった（n=5,492）

当てはまるものはない	32.9%
従業員の年代に偏りがある	16.9%
（b：業績が低下している／低調である）	15.4%
（a：上司と部下のコミュニケーションが少ない／ない）	15.1%
女性管理職の比率が低い	14.2%

解答　イ

165

問題 81. 職場におけるセクシュアルハラスメントの状況に関する次の文章中の（　　）に入る<u>適切な</u>語句の組合せを、以下のアからエまでのうち１つ選びなさい。

過去３年間にセクハラを一度以上経験した者の割合を男女別でみると、（　a　）も高かった。業種別では、「生活関連サービス業、娯楽業」、「電気・ガス・熱供給・水道業」、「不動産業、物品賃貸業」等が他の業種と比べて高く、また、従業員規模別では、（　b　）の企業で最も高く、（　c　）の企業で最も低かった。

出典：厚生労働省「職場のハラスメントに関する実態調査報告書（令和２年度）

ア．a．女性の方が男性より　　　　　b．100〜299 人以下
　　　c．1,000 人以上

イ．a．女性の方が男性より　　　　　b．1,000 人以上
　　　c．100〜299 人以下

ウ．a．男性の方が女性より　　　　　b．100〜299 人以下
　　　c．1,000 人以上

エ．a．男性の方が女性より　　　　　b．1,000 人以上
　　　c．100〜299 人以下

| 解説　職場におけるセクシュアルハラスメントの状況 |

過去３年間にセクハラを一度以上経験した者の割合を男女別でみると、（**a．女性（12.8％）の方が男性（7.9％）より**）も高かった。業種別では、「生活関連サービス業、娯楽業」（15.0％）、「電気・ガス・熱供給・水道業」（14.0％）、「不動産業、物品賃貸業」（14.0％）、「運輸業、郵便業」（13.4％）等が他の業種と比べて高かった。従業員規模別では、（**b．100〜299人以下**）の企業（12.4％）で最も高く、（**c．1,000人以上**）の企業で最も低かった。

| 解答　ア |

問題 82. 次の図は、パワーハラスメントを受けた後の行動に関する調査の結果で、回答が多かった項目を順に並べたものである。図中の（　　）に入る<u>適切な</u>項目の組合せを、以下のアからエまでのうち 1 つ選びなさい。

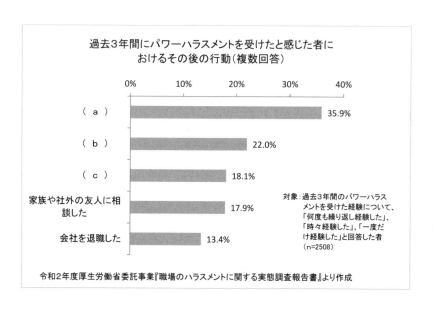

令和2年度厚生労働省委託事業『職場のハラスメントに関する実態調査報告書』より作成

ア．a．社内の同僚に相談した
　　b．家族や社外の友人に相談した
　　c．社内の相談窓口に相談した

イ．a．社内の同僚に相談した
　　b．社内の上司に相談した
　　c．社内の相談窓口に相談した

ウ．a．何もしなかった
　　b．社内の相談窓口に相談した
　　c．社内の同僚に相談した

エ．a．何もしなかった
　　b．社内の同僚に相談した
　　c．社内の上司に相談した

解説　パワハラを感じた者のその後の行動

何もしなかった	社内の同僚に相談した	社内の上司に相談した	家族や社外の友人に相談した	会社を退職した	しばらく会社を休んだ
35.9%	22.0%	18.1%	17.9%	13.4%	5.7%

解答　エ

問題 83. ハラスメントに関するアンケートの実施について、以下のアから
エまでの記述のうち、最も<u>適切ではない</u>ものを１つ選びなさい。

ア．ハラスメントに関するアンケートを実施する場合は、従業員全員を対
象としなければならず、管理職のみを対象としたり、パート社員のみ
を対象とすることはできない。

イ．ハラスメントに関するアンケート調査票は、紙媒体と電子データに大
きく分けられるが、電子データの場合は、ワード、エクセル等の調査
票に回答を入力してメールに添付して返信してもらうなどの方法が
考えられる。

ウ．相談窓口に寄せられたハラスメントの内容とアンケートの内容を比
べることで、相談・苦情処理体制の効果を検証することができる。

エ．ハラスメントに関するアンケートの実施は、ハラスメント防止に向け
た会社の姿勢を従業員が再確認する機会となる。

|解説　アンケートの実施|

ア　不適切。ハラスメントに関するアンケートは、その具体的目的に応じて、従業員全員を対象とする場合、管理職のみを対象とする場合、派遣社員のみを対象とする場合などが考えられる（派遣社員を対象とする場合は、派遣元との協力が必要となる）。また、全事業場で実施する場合と、一部の事業場のみで実施する場合とに分けることもできる。

イ　適　切。ハラスメントに関するアンケート調査票は、紙媒体とするか電子データとするかに大きく分けられるが、電子場データの場合は、ワード、エクセル等の調査票に回答を入力してメールに添付して返信してもらうなどの方法が考えられる。

ウ　適　切。相談窓口によせられなかったハラスメントがアンケートで確認できたかどうかなどを確認し、相談・苦情処理体制の効果を検証することができる。

エ　適　切。ハラスメントに関するアンケートの実施を通じて、ハラスメント防止に向けた会社の姿勢を従業員が再確認する機会となる。

|解答　ア|

問題 84. ハラスメントに関する従業員教育についての、以下のアからエまでの記述のうち、最も<u>適切ではない</u>ものを１つ選びなさい。

ア．ハラスメントに関する従業員教育を有効なものにするには、研修等を定期的に実施し、可能な限り全員が出席することが望ましい。

イ．管理監督者と一般従業員に分けた階層別研修よりも、管理監督者と一般従業員が一緒に受講する研修の方が効果的である。

ウ．職場におけるセクシュアルハラスメント対策の必要性を研修する場合、セクシュアルハラスメント発生の原因や背景につながる可能性のある「性別役割分担意識に基づく言動」についても、従業員に周知・啓発すべきである。

エ．「妊娠・出産・育児休業等に関するハラスメント」について従業員に周知・啓発すべき事項に、「制度等の利用への嫌がらせ型」や「状態への嫌がらせ型」の例だけでなく、該当しない場合の例も含める。

解説　ハラスメントに関する従業員教育

ア　適　切。教育のための研修は、可能な限り全員に受講させ、定期的に、繰り返して実施するとより効果がある。

イ　不適切。管理監督者と一般従業員に分けた階層別研修の実施が効果的である。ただし、企業規模が小さいなどの場合は、管理監督者と一般従業員が一緒に研修を受講してもよい。

ウ　適　切。セクシュアルハラスメント発生の原因や背景には、性別役割分担意識に基づく言動もあると考えられる。セクシャルハラスメントについての研修においては、さらに LGBT の意味や、性的指向又は性自認にかかわらず、セクシャルハラスメントは発生し得ることについても触れておきたい。

エ　適　切。「妊娠・出産・育児休業等に関するハラスメント」についての研修においては、「制度等の利用への嫌がらせ型」、「状態への嫌がらせ型」だけでなく、それぞれに該当しない、業務上の必要性に基づく場合の例についても周知し、妊娠・出産・育児休業等を理由とする不利益取扱いの禁止や法的責任等についても行い、制度の利用がしにくい職場風土にならないための取組が求められる。

解答　イ

問題 85. 一次対応の相談員の役割と求められる姿勢に関する以下のアから
エまでの記述のうち、最も<u>適切ではない</u>ものを１つ選びなさい。

ア．あからさまなハラスメントの相談であっても、感情的に相談者に同調
して相談者とともに行為者を加害者と決めつけることがあってはな
らない。

イ．一次対応の相談員は、苦しみ悩んでいる相談者に対しても中立の姿勢
を保つべきであり、これに寄り添う姿勢を示してはならない。

ウ．一次対応の相談員は、職場におけるハラスメントの概要を理解すると
ともに、会社における相談体制・手続きの概要を相談者に説明できる
程度に理解しておく必要がある。

エ．一次対応の相談員には、真摯な態度で相談者の話を忍耐強く聴き、聴
き役に徹する姿勢が求められ、相談においては、相談者がその記憶・
主張を説明しやすくなるようにサポートすることに集中すべきであ
る。

解説　相談員の役割と求められる姿勢

ア　適　切。苦しみ悩んでいる相談者に対しては、相談員はこれに寄り添う
　　　　　　姿勢を示すべきであるが、あからさまなハラスメントの相談で
　　　　　　あっても、感情的に相談者に同調して相談者とともに行為者を
　　　　　　加害者と決めつけることがあってはならない。

イ　不適切。苦しみ悩んでいる相談者に対しては、相談員はこれに寄り添う
　　　　　　姿勢を示すべきである。そうすることで、相談者が話しやすい
　　　　　　雰囲気を作り出し、相談者がその記憶や考えを整理することを
　　　　　　促すこともできる。「寄り添う姿勢」と「感情的に相談者に同調
　　　　　　すること」とは異なるのはいうまでもない。

ウ　適　切。緊急対応の必要性を迅速・的確に判断するためは、職場におけ
　　　　　　るハラスメントの意味や、あからさまなハラスメントに対して
　　　　　　会社がどのような措置を講ずるのかの概要を知っておく必要が
　　　　　　ある。従って、一次対応の相談員は、職場におけるハラスメン
　　　　　　トの概要を理解するとともに、会社における相談体制・手続き
　　　　　　の概要を相談者に説明できる程度に理解しておく必要がある。

エ　適　切。一次対応の相談員には、真摯な態度で相談者の話を忍耐強く聴
　　　　　　き、聴き役に徹する姿勢が求められ、相談においては、相談者
　　　　　　がその記憶・主張を説明しやすくなるようにサポートすること
　　　　　　に集中すべきである。

解答　イ

問題 86. 一次対応の相談員の役割に関する以下のアからエまでの記述のうち、最も<u>適切な</u>ものを１つ選びなさい。

ア．一次対応の相談であっても、明らかに有効と考えられる解決方法がある場合は、何らかの結論を出してもよい。

イ．態様が悪質で、緊急の対応が明らかに求められるハラスメントの可能性が考えられる場合には、事実確認とそれに基づく措置への同意を勧めるべきである。

ウ．相談者の主張に真摯に耳を傾けて正確に聴取して事実関係を把握することが一次対応の相談員の役割として求められるが、強い緊張で応答が要領を得ないと感じられたら話し方をアドバイスすべきである。

エ．作成した相談受付の記録は、継続相談や事実確認といった社内相談部門の次のステップには必要であるが、人事部や所属長等への報告は、個人情報保護のため、相談対応が完了するまで行ってはならない。

解説　一次対応の相談員の役割

ア　不適切。一次対応の相談では、話を聴くことに注力するべきであり、何らかの結論を出したり、事実確認の段階へ進んだりことが必要とされているわけではない。「明らかに有効な解決方法がある」と相談員が感じたとしても、それは個人の主観であり、口にするべきではない。

イ　適　切。一次対応においては、相談者の意向を確認することが大切であり、相談者が行動を決定するために必要な助言をする場合もある。相談者が意向を決めきれない場合にまで意向確認に固執するべきではなく、継続相談とすることも考えるべきである。ただし、緊急な対応を要すると思われる場合にまで様子見を続けるべきではない。

ウ　不適切。相談者の主張に真摯に耳を傾けて事実関係を把握し、相談者の主張の正確な聴取を行うことが一次対応の相談員の役割であり、一次対応においては基本的にはアドバイスを行うことは要求されない。

エ　不適切。相談員（一次対応）は、相談受付の記録を作成し、（相談者が拒否しない場合には）人事部や所属長等の担当部門に報告する。緊急な対応を要すると思われる場合には、人事部や所属長等の担当部門にその旨を迅速に伝えて指示を仰ぐべきである。

解答　イ

問題 87. ハラスメントの相談員の職責と役割に関する以下のアからエまでの
記述のうち、最も<u>適切ではない</u>ものを１つ選びなさい。

ア．相談担当者の人選にあたっては、ハラスメントや人権問題に対する十
分な理解を持ち、中立的な立場で相談を受け、解決に向けて取り組む
ことができる人材を選出する必要がある。

イ．一次対応相談員は、原則として従業員からの相談を受けるだけではな
く、事実関係の確認、行為者・相談者へのとるべき措置の検討、行為
者・相談者へのフォローを経て、再発防止策まで講じる必要がある。

ウ．事業所の規模が大きく、多くの従業員からの相談で負担が大きいとい
う場合、相談窓口は一次対応として、相談者からの相談を聞き、その
後の事実関係の調査は、人事担当部署などに引き継ぐ仕組みとしても
よい。

エ．事業所規模が小さく、相談の数が多くないと想定される場合は、管理
職や人事担当部署などのしかるべき従業員を相談員として指名し、事
後の対応まで一貫して関わる仕組みとしてもよい。

解説　相談員の職責と役割

ア　適　切。相談担当者の人選にあたっては、ハラスメントや人権問題に対する十分な理解を持ち、中立的な立場で相談を受け、解決に向けて取り組むことができる人材を選出する必要がある。

イ　不適切。ハラスメントの相談においては、会社の対応を求めず面談だけを希望する相談者もいる。そのような場合に、無理に事実関係の確認以降の段階へ進めてはならない。

ウ　適　切。事業所の規模が大きく、多くの従業員からの相談を受けるだけでも負担が大きいという場合は、相談窓口は一次対応として、相談者からの相談を聞き、その後の事実関係の調査は、人事担当部署などに引き継ぐ仕組みとしてもよい。

エ　適　切。事業所規模が小さく、相談の数が多くないと想定される場合は、管理職や人事担当部署などのしかるべき従業員を相談員として指名し、事後の対応まで一貫して関わる仕組みとしてもよい。

解答　イ

問題 88. 相談者の意向の確認に関する以下のアからエまでの記述のうち、最も<u>適切ではない</u>ものを1つ選びなさい。

ア．相談者の意向は、報告不要でただ話を聞いてほしいという軽いものから、行為者の懲戒処分を求めるという重いものまで、いくつかに分類することができ、相談員は、はじめから相談者の意向がどれにあたるのかを明確にする必要がある。

イ．相談者の意向を明確にするためには、ハラスメント解決のための体制や手続きについての情報提供が必要になる場合もある。

ウ．相談者が関係者の事情聴取まで求めない場合は、事実確認に限界があるため、会社としては行為者への指導や処分まではできず、行為者の観察や一般的な防止対策を講ずるにとどまる可能性があることを説明するべきである。

エ．相談者が事実確認を求める場合には、事情聴取する関係者の範囲の希望（話を聴いてほしい従業員）を確認しておくと、関係者の事情聴取実施の際に役立つ。

解説　相談にあたっての注意事項

ア　不適切。「相談者の意向は、だいたい次のように分類できる。
- 　　　　　・話を聞いてほしい（報告不要）。
- 　　　　　・相談結果を報告してよい。
- 　　　　　・匿名希望
- 　　　　　・関係者の事情聴取は求めない。
- 　　　　　・行為者の言動を止めたい。
- 　　　　　・行為者の謝罪を求める。
- 　　　　　・行為者との接点をなくしたい。
- 　　　　　・行為者を注意・指導してほしい。
- 　　　　　・行為者の懲戒処分を求める。

　　　　　相談者の意向には、これらが混在していることもあるし、自分の意向を明確にできない状況にある相談者もいる。従って、相談者の意向を上記分類にあてはめて確認することにこだわるべきではない。1回目の相談では、相談者の意向を絞り切れず、継続相談となる場合もある。

イ　適　切。相談者の意向を明確にするためには、ハラスメント解決のための体制や手続きについての情報提供が必要になる場合もある。

ウ　適　切。相談者が関係者の事情聴取まで求めない場合は、事実確認に限界があるため、会社としては行為者への指導や処分まではできず、行為者の観察や一般的な防止対策を講ずるにとどまる可能性があることを説明するべきである。

エ　適　切。相談者が事実確認を求める場合には、事情聴取する関係者の範囲の希望（話を聴いてほしい従業員）を確認しておくと、関係者の事情聴取実施の際に役立つ。

解答　ア

問題 89. 相談時の相談員の言動に関する次の a から d までの記述のうち、<u>適切ではない</u>ものはいくつあるか。以下のアからエまでのうち 1 つ選びなさい。

a．相談者の話を聴いて、もっと早いうちに相談に来ればよい対処ができたと思ったので、「なぜ、もっと早く相談に来なかったのですか。」と言った。

b．相談者の記憶があいまいなときに、「それは、いつ頃のことでしょうか。」と質問したところ、相談者が思い出せない様子だったので、「よく考えて思い出してください。」と発言した。

c．相談者の「○○と言われたんです。」との発言に「○○と言われたのですか。」と応じて、相談者の表現を繰り返すことにより、話の内容を確認した。

d．相談者の話を聴いて、行為者の言動はハラスメントに当たらないことが明らかなので、励ましの意味も込めて「これくらいは当たり前、それはあなたの考え過ぎですよ。」と明るく言った。

ア．1つ　　　イ．2つ　　　ウ．3つ　　　エ．4つ

解説　ヒアリングの技術

a　不適切。相談者を責める発言は、相談対応においては禁句である。

b　不適切。思い出せないことは、他の話をしているうちに思い出すことも多いので、相談対応の段階では、細部にこだわり、問い詰めることはせず、相談者の主張を把握することに重点を置くべきである。

c　適　切。相談者の表現を繰り返して、話の内容を確認することは効果的である。

d　不適切。一次相談員は、話の内容について判断したり、それに基づいて説得するような言動を行ってはならない。

aとbとdの3つが不適切である。よって正解はウとなる。

解答　ウ

問題 90. 相談時の相談員の言動に関する以下のアからエまでの記述のうち、最も<u>適切ではない</u>ものを１つ選びなさい。

ア．若い相談者の話を聞いて、仕事に臨む姿勢として少し甘い点があると感じたが、「仕事ですからね。そういうこともあると思いますよ。」とは言わなかった。

イ．相談の内容を聞いて、相談者への理解や支持の姿勢を伝えようと思い、「よく我慢されましたね。」と応じた。

ウ．相談の内容が明らかなセクシュアルハラスメントであると感じたが、「それは明らかにセクハラなので、事実確認をしましょう。」との提案はしなかった。

エ．相談者がその意向を明確にできず、相談が停滞したので「今、あなたの意向としては何を望んでいるのですか？」と尋ねた。

解説　ヒアリングの技術

ア　適　切。行為者を一般化する発言はすべきではない。相談対応の段階
　　　　　　で相談者の評価を示す意味はなく、そのような発言は、相談
　　　　　　者の会社に対する信頼が失われ、相談者と会社との関係がい
　　　　　　たずらに悪化しかねない危険な行為である。

イ　適　切。相談者の心を開き、話しやすい雰囲気をつくるためには、相
　　　　　　談者への理解や支持の姿勢を伝えることも効果的である。
　　　　　　「大変でしたね。」「よく我慢されましたね。」と応じたり、勇
　　　　　　気を出して相談に来てくれたことをねぎらうなどして相談
　　　　　　者に寄り添う姿勢を示す。

ウ　適　切。相談対応の目的は、相談者に寄り添い、相談者の主張を把握
　　　　　　することにあるのだから、相談員による評価を伝えることは
　　　　　　避けるべきである。

エ　不適切。相談者が意向をまとめられないのであれば、継続相談にして
　　　　　　相談者の心の整理を待つといった工夫をすべきである。間
　　　　　　違っても、問い詰めるような、もしくは性急に結論を求める
　　　　　　ような発言をしてはならない。

解答　エ

問題 91. 相談者が匿名を希望する相談に関する以下のアからエまでの記述の
うち、最も<u>適切ではない</u>ものを１つ選びなさい。

　ア．相談員は、匿名を希望する相談者に対しては、相談者の不安の解消を
　　　試みつつ担当部署への報告や事実確認についての同意を得る努力を
　　　すべきである。

　イ．匿名の相談・苦情に基づいて、慎重な事実確認がなされないまま、会
　　　社が行為者を処分すると、後に人事権や懲戒権の濫用と判断される可
　　　能性がある。

　ウ．匿名相談を契機として会社がアンケートによるハラスメントの実態調
　　　査を行うことがあるが、アンケートを行う際には相談者のプライバ
　　　シー保護のために、匿名相談があった事実のみを公表して実施する必
　　　要がある。

　エ．相談者があくまでも匿名申告のままで行為者への処分を希望するよう
　　　な場合には、匿名申告のままでは事実確認に限界があり、行為者とさ
　　　れる者に対する処分も相応のものにとどまる可能性があることを相
　　　談者に伝える。

解説　相談のさまざまなパターン

ア　適　切。相談員は、匿名を希望する相談者に対して、手続きについて説明したり、相談したことにより不利益を受けることがない旨を説明するなどして、相談者の不安の解消を試みつつ、担当部署への報告や事実確認についての同意を得る努力をすべきである。

イ　適　切。匿名の相談・苦情に基づいて、慎重な事実確認がなされないまま、会社が行為者を処分すると、後に人事権や懲戒権の濫用と判断される可能性がある。

ウ　不適切。匿名相談をきっかけとして会社がコンプライアンスアンケートを実施する場合は、匿名相談があった事実は伏せて、一般的なコンプライアンスアンケートやハラスメントアンケートの形で実施する。

エ　適　切。相談者があくまでも匿名申告のままで行為者への処分を希望するような場合には、匿名申告のままでは事実確認に限界があり、行為者とされる者に対する処分も相応のものにとどまる可能性があることを相談者に伝える。匿名で相談内容を報告することによって、会社が改めてハラスメントに関する方針を周知・啓発する際の材料にするなど、再発防止に向けた措置を講ずることに役立つという説明で納得する相談者もいる。

解答　ウ

問題 92. 一次対応の相談の注意事項に関する以下のアからエまでの記述の
うち、最も<u>適切な</u>ものを１つ選びなさい。

ア．冒頭で概略を尋ねる際には、相談者の話を傾聴することに集中すべき
だから、メモをとれなくてもかまわない。

イ．問題とされる言動が「いつ」「どこで」「どのように」行われたかを
聴取する際には、言動の具体的内容を確認するよう努めるべきであり、
実際に体験した者でなければ語れない内容を聞き出さなければならな
い。

ウ．相談者の意向は、報告不要のただ話を聞いてほしいというものから、
行為者の懲戒処分を求めるというものまでさまざまなものに分類す
ることができ、自分の意向を明確にできない状況にある相談者に対し
てはあらかじめ用意した分類にあてはめて確認する。

エ．面談による相談の時間の目安は 90 分が適当であるといわれている。

解説　一次対応の相談の注意事項

ア　適　切。相談対応時にはせいぜいメモ用紙に概要を記入する程度にとど
　　　　　めるべきである。特に、冒頭で概略を尋ねる際には、相談者の
　　　　　話を傾聴することに集中すべきだから、メモをとれなくてもか
　　　　　まわない。

イ　不適切。「聞き出さなければならない。」が誤りである。実際に体験し
　　　　　た者でなければ語れない内容を聞き出すことが望ましいが、相
　　　　　談対応（一次対応）の目的は事実確認ではないから、相談者の
　　　　　心情に配慮して、根掘り葉掘り聴取することは避け、詳細な事
　　　　　実確認は事実確認の段階に委ねてもよい。

ウ　不適切。自分の意向を明確にできない状況にある相談者もいる。従っ
　　　　　て、相談者の意向を分類にあてはめて確認することにこだわ
　　　　　るべきではない。1回目の相談では、相談者の意向を絞り切れ
　　　　　ず、継続相談となる場合もある。

エ　不適切。面談による相談の時間の目安は 50 分が適当であるといわれて
　　　　　いる。人の集中力が持続する時間が 50 分程度とされているこ
　　　　　とや、対応する相談員の負担も大きいからである。50 分で終わ
　　　　　らないのであれば、日を改めて実施するようにする。

解答　ア

問題 93. ヒアリングに関する以下のアからエまでの記述のうち、最も<u>適切</u>ではないものを１つ選びなさい。

ア．相談対応において概略を尋ねる段階では、相づちを打ちながら熱心に聴く姿勢が求められるが、その際、相づちの種類を豊富にして、相づちを打つ際は相手の話すリズムに合わせるように意識することは重要である。

イ．相談者から周囲を窺うような臆病な素振りがみられた場合、勇気を出して相談に来てくれたことをねぎらい相談者に寄り添う姿勢を示し、理解や共感を伝えることは、ヒアリングの導入として重要である。

ウ．相談者が圧迫感を感じないように視線は、相手のあごや肩あたりにおくのが基本である。

エ．相談者から概略を確認したあとは、相談者の主張を正しく理解するために、あいまいな点はそのままにせず、質問をして確認するべきではあるが、相談者が思い出せないと言う場合、回答はいったん保留にしてもよい。

解説　ヒアリング

　ア　適　切。相談対応、特に冒頭で概略を尋ねる段階では、相づちを打ちながら熱心に聴く姿勢が求められる。相づちの種類を豊富にし（「ええ」「なるほど」「そうですか」など）、年齢や上下関係、親しさの度合い等で使い分けたり、相手の話すリズムに合わせたタイミングで相づちをうつように意識してみることも大切である。

　イ　適　切。相談者に寄り添う姿勢を示し、理解や共感を伝えることは、ヒアリングの導入として重要である。ただし相談窓口の目的の第一は、相談者の主張と相談者の意向を確認してその後の事実確認等の措置に資する情報を得ることにあるため、事実確認のないままに感情的に相談者に同調して、行為者を加害者と決めつけて非難するようなことのないように注意しなければならない。

　ウ　不適切。相談員は、基本的に相談者の表情や目をしっかりと見なければならない。目を合わせ過ぎて相談者が圧迫感を感じるようであれば、視線をあごや肩のあたりにずらすこともあるが、基本的にはしっかりと見る。

　エ　適　切。「覚えていなければ構いません」と流してしまってもよい。他の話をしているうちに思い出すことも多いし、事実確認は相談対応の後に行うことであるから、相談対応の段階では、細部にこだわるよりも相談者の主張を把握することに重点を置くべきである。

解答　ウ

問題 94. ハラスメント相談員の相談に関する記録の作成・保存について、以下のアからエまでの記述のうち、最も<u>適切ではないもの</u>を1つ選びなさい。

ア．記録は、聴取内容を書面で示したり、復唱したりするなどして、必ず聴取した相手に内容に相違がないかを確認しなければならない。

イ．適切な対応を行うためには、事情聴取等の記録をきちんと作成し、しっかりと保存することが大切である。

ウ．被害に関するメモ、日記、診断書などの証拠書類は、コピーであれば本人の同意を得なくても保存することができる。

エ．個人情報が流出しないよう、資料の収集は必要最小限にとどめるとともに、作成及び保存に際し、プライバシーの保護について十分に留意しなければならない。

解説　相談員の記録の作成・保存

ア　適　切。記録は、聴取内容を書面で示したり、復唱したりするなどして、必ず聴取した相手に内容に相違がないかを確認しなければならない。

イ　適　切。適切な対応を行うためには、事情聴取等の記録をきちんと作成し、しっかりと保存することが大切である。

ウ　不適切。被害に関するメモ、日記、診断書などの証拠書類について、本人の同意がある場合は、コピーして保存できる。

エ　適　切。個人情報が流出しないよう、資料の収集は必要最小限にとどめるとともに、作成及び保存に際し、プライバシーの保護について十分に留意しなければならない。

解答　ウ

問題 95. 部下の行動における「いつもと違う」様子への把握・対応に関する以下のアからエまでの記述のうち、最も<u>適切ではない</u>ものを1つ選びなさい。

ア．部下の「いつもと違う」変化への気づきは、周囲からの声かけが大事である。

イ．部下の仕事ぶりが「いつもと違う」と感じた場合は、すぐに精神科医療機関を受診させ、その診断結果を待って社内の産業保健スタッフに相談すべきである。

ウ．今までほとんど遅刻がない部下が、最近遅刻を続けている場合は、「いつもと違う」と捉えることができる。

エ．いつもおしゃれだった部下の服装が、最近だらしなくなった場合は、「いつもと違う」と捉えることができる。

解説　部下の「いつもと違う」様子への把握・対応

ア　適　切。部下の「いつもと違う」変化への気づきは、周囲からの声かけ
　　　　　　が大事である。

イ　不適切。部下の仕事ぶりが「いつもと違う」と感じた場合、それが2週
　　　　　　間の期間にわたって継続する場合には、すぐに精神科医療機関
　　　　　　を受診させるよりも、社内の産業保健スタッフに相談するなど
　　　　　　の対策を講ずる必要がある。

ウ　適　切。今までほとんど遅刻がない部下が、最近遅刻が続いている場合
　　　　　　は、「いつもと違う」と捉えることができる。

エ　適　切。いつもおしゃれだった部下の服装が、最近だらしなくなった場
　　　　　　合は、「いつもと違う」と捉えることができる。

解答　イ

問題 96. メンタルヘルス不調が疑われる部下への対応に関する以下のアからエまでの記述のうち、最も<u>適切ではない</u>ものを１つ選びなさい。

ア．相談を受ける際には、初めのうちは相手の言葉で自由に語らせることが大切であり、分かったことは、分かったと伝え、分からないことは、質問をするなどして、聴く姿勢に徹する。

イ．メンタルヘルス不調が疑われる部下については、すぐに精神科医療機関を受診させ、その診断結果を待って社内の産業保健スタッフに相談すべきである。

ウ．メンタルヘルス不調で治療が必要であるにもかかわらずその意欲に欠ける者を治療につなげるためには、治療を受ける必要性を明確に本人に伝える。

エ．相談を受けた際には、適切に回答しなければならないが、考え方や判断を求められた場合には、安易に回答すべきではない。

解説　メンタルヘルス不調が疑われる部下への対応

ア　適　切。相談を受ける際には、初めのうちは相手の言葉で自由に語らせることが大切であり、分かったことは、分かったと伝え、分からないことは、質問をするなどして、聴く姿勢に徹する。

イ　不適切。メンタルヘルス不調が疑われる部下については、すぐに精神科医療機関を受診させるよりも、社内の産業保健スタッフに相談するなどの対策を講ずる必要がある。

ウ　適　切。メンタルヘルス不調で治療が必要であるにもかかわらずその意欲に欠ける者を治療につなげるためには、治療を受ける必要性を明確に本人に伝える。

エ　適　切。相談を受けた際には、適切に回答しなければならないが、考え方や判断を求められた場合には、安易に回答すべきではない。

解答　イ

問題 97. 相談者へのフォローアップに関する以下のアからエまでの記述の
うち、最も<u>適切ではない</u>ものを１つ選びなさい。

ア．相談者・行為者の双方に対して、会社として取り組んだこと（事実関
係についての調査、対応の内容とその考え方）を説明し、理解を得る
ようにする。

イ．相談者にも行為や発言に問題があった場合は、行動や発言にどのよう
な問題があったのか、どうするべきであったのかを説明するべきであ
る。

ウ．相談員は、相談者から行為者の処分の内容について聞かれたときは、
具体的な処分の内容を伝えなければならない。

エ．相談者へのフォローアップが不十分だと、相談に来た従業員からは、
会社は何もやってくれない、相談しても無駄だなどと、逆に不信感を
与え事態が悪化してしまう可能性があるため、そういったことが起こ
らないように、関係部門と協力し、途中経過のフィードバックなどを
相談者に行う必要がある。

解説 相談者へのフォローアップ

ア 適 切。相談者・行為者の双方に対して、会社として取り組んだこと（事実関係についての調査、対応の内容とその考え方）を説明し、理解を得るようにする。

イ 適 切。相談者にも行為や発言に問題があった場合は、行動や発言にどのような問題があったのか、どうするべきであったのかを説明するべきである。

ウ 不適切。相談者に行為者の具体的な処分の内容を伝えることは個人情報を伝えることにあたるので、一般的には「会社の就業規則に則り、処分する」と伝えるに留めることが望ましい。

エ 適 切。相談者へのフォローアップが不十分だと、相談に来た従業員からは、会社は何もやってくれない、相談しても無駄だなどと、逆に不信感を与え事態が悪化してしまう可能性があるため、そういったことが起こらないように、関係部門と協力し、途中経過のフィードバックなどを相談者に行う必要がある。

解答 ウ

問題 98．アサーションの説明として最も<u>適切</u>なものを、以下のアからエまでの記述のうち１つ選びなさい。

ア．自分のイライラや怒りの感情を理解して癒したり、ポジティブな方向へ展開する等上手にコントロールするための手法である。

イ．相手の能力や可能性を最大限に引き出し、行動を促し、結果をつくり出すことを支援するコミュニケーションスキルである。

ウ．会議やプロジェクトで合意形成や相互理解を高めて、チームとしての自律的な問題解決を促し、業務課題を解決することで組織の業務遂行力を高める手法である。

エ．相手の主張を否定したり、強い口調で無理に押し込めるのではなく、お互いの価値観を尊重しつつ、自分の意見を的確に言葉にするためのコミュニケーションスキルである。

| 解説 アサーション |

ア　不適切。アンガーマネジメントに関する説明である。アンガーマネジメントとは、自分のイライラや怒りの感情を理解して癒したり、ポジティブな方向へ展開する等上手にコントロールするための手法である。

イ　不適切。コーチングに関する説明である。コーチングとは、相手の能力や可能性を最大限に引き出し、行動を促し、結果をつくり出すことを支援するコミュニケーションスキルである。

ウ　不適切。ファシリテーションに関する説明である。ファシリテーションとは、会議やプロジェクトで合意形成や相互理解を高めて、チームとしての自律的な問題解決を促し、業務課題を解決することで組織の業務遂行力を高める手法である。

エ　適　切。アサーションに関する説明である。アサーションとは、相手の主張を否定したり、強い口調で無理に押し込めるのではなく、お互いの価値観を尊重しつつ、自分の意見を的確に言葉にするためのコミュニケーションスキルである。

解答　エ

問題 99. ハラスメントの再発防止策に関する次の a から d までの記述のうち、適切ではないものはいくつあるか。以下のアからエまでのうち 1 つ選びなさい。

a. 再発防止策は、予防策と切り離した別の手段をもって実施する必要がある。

b. ハラスメント行為の再発を防ぐために社内で行為者を集めて研修を実施する。

c. ハラスメント行為の事例は、受け手と行為者双方の機微に触れる情報であるため、社内で共有してはならない。

d. 事例ごとの検証、新たな防止策の検討を行い、毎年のトップメッセージや会社ルール、研修などの見直し・改善に役立てる。

ア．1つ　　　　イ．2つ　　　　ウ．3つ　　　　エ．4つ

| 解説 | 再発防止策 |

a　不適切。再発防止策は、予防策と表裏一体の取組であり、予防策を着実に実施していくことが、再発防止にもつながるといえる。

b　不適切。研修については、本人の立場も配慮し行うことが必要であり、社内で行為者を集めて行う研修は、お互い顔を合わせることになるので、できれば避けた方がよい。社内にこだわることなく、社外セミナーなどに参加させ、レポート提出などをさせるのも一つの方法である。

c　不適切。プライバシーに配慮した上で、同様の問題が発生しないように、社内の主要な会議でハラスメント行為の事例を情報共有することも大切とされている。

d　適　切。事例ごとの検証、新たな防止策の検討を行い、毎年のトップメッセージや会社ルール、研修などの見直し・改善に役立てることが必要である。

　a、b、cの3つが不適切である。よって正解はウである。

| 解答　ウ |

問題 100. 行為者へのフォローアップに関する以下のアからエまでの記述の
うち、最も<u>適切ではない</u>ものを１つ選びなさい。

ア．同じことを繰り返す行為者の上長は、行為者の言動に目を配り、タイ
ムリーに適切なアドバイスを行うとともに、定期的な面談が必要であ
る。

イ．経営者や役員のパワハラがあったと相談窓口に相談があっても、社内
で解決することが難しい場合、都道府県労働局などの行政機関を利用
することや、労働組合やユニオンとの交渉の場を活用することも検討
することが重要である。

ウ．行為者が、ハラスメントの行為について正しいことをしていると認識
している場合は、十分な説明もなく行為者を処分すると、納得感を持
たれないばかりか、行為者自身も心身の健康に不調を来す可能性があ
る。

エ．行為者の行動や発言にどのような問題があったかを行為者自身に具
体的に伝えることは必要がなく、ハラスメント対策の会社としての
基本方針を厳守させることで再発防止策とする。

| 解説　フォローアップ |

　ア　適　切。同じことを繰り返す行為者の上長は、行為者の言動に目を配
　　　　　　り、タイムリーに適切なアドバイスを行うとともに、定期的
　　　　　　な面談が必要である。さらに、例えば、人事管理上フラグを
　　　　　　立てる等により、継続的なモニタリングを行い、フォローす
　　　　　　ることも考えられる。

　イ　適　切。経営者や役員のパワハラがあったと相談窓口に相談があって
　　　　　　も、社内で解決することが難しい場合がある。その際には、
　　　　　　都道府県労働局の総合労働相談コーナーや都道府県庁の労
　　　　　　働相談などの行政機関を利用することや、労働組合やユニオ
　　　　　　ンとの交渉の場を活用することも検討したい。

　ウ　適　切。処分をする場合は、行為者にその理由を説明し、理解して
　　　　　　もらうことが重要である。

　エ　不適切。具体的に伝えることで、今後同様の問題が起こらないよう、
　　　　　　実際的な対処につながり得る。

| 解答　エ |

ハラスメントアドバイザー認定試験 公式精選問題集

2024 年 4 月 30 日　初版第 1 刷発行

編　者　一般財団法人 全日本情報学習振興協会

発行者　牧野 常夫

発行所　一般財団法人 全日本情報学習振興協会
〒101-0061　東京都千代田区神田三崎町 3-7-12
清話会ビル 5F
TEL：03-5276-6665

販売元　株式会社 マイナビ出版
〒101-0003　東京都千代田区一ツ橋 2-6-3
一ツ橋ビル 2F
TEL：0480-38-6872（注文専用ダイヤル）
03-3556-2731（販売部）
URL：http://book.mynavi.jp

印刷・製本　日本ハイコム株式会社

※乱丁・落丁のお問い合わせ
TEL：0480-38-6872（注文専用ダイヤル）
電子メール：sas@mynavi.jp

出張ハラスメント研修

ハラスメントとは何か、 どのように対策をすべきか。 全社員に必須の知識

パワハラ防止措置対策は、事業主の義務です

社内全体のハラスメント対策は「必須」となっています。ハラスメント対策は、企業にとって避けては通れない道です。
今すぐハラスメントに関する知識を身につけ、対策を始めましょう！

幹部研修・管理職研修・一般社員研修・相談員研修

出張研修受付中！全国どちらでも承ります。　　　　弁護士による研修が主となります。

・管理職全員にハラスメント研修をしたい
・一般の社員にも研修を受けさせたい
・研修の内容をカスタマイズしたい

→ **すべて対応可能です！**
実施規模や開催地域の制限はございません。
ご要望に応じて、研修内容の調整も可能です。

■ベースとなる研修種類

●管理職研修
この研修では、まず対価型ハラスメント、環境型ハラスメントとは何かを理解します。そして無自覚のハラスメントを自覚できるようにして、自己流解釈を是正するために「ハラスメントの本質」を理解できるようにします。

●相談員研修
ハラスメント発生の際、早いタイミングで、軽微なうちに迅速で適切な対応がなされたならば、一般的な問題の解決は容易です。相談員研修では、相談窓口における相談員の言動や対応について学び、判断能力とコミュニケーション能力を身につけます。

●一般社員研修
ハラスメントをなくすために、ハラスメントとは何か、そして適正業務とハラスメントの境界を理解する。全ての社員を対象にした研修です。

■修了カードの発行

一定条件（※）をクリアした研修を修了した方でご希望があれば、修了証書と修了カードを発行しております。

※条件の詳細につきましては、お問合せください。

＊ 公開会場型研修も行っております

● 認定ハラスメント相談員研修

● ハラスメントカウンセラー認定研修

● 人事・総務・コンプライアンス・CSRご担当者向け
ハラスメントマネージャー認定研修

お問合せは下記まで　お気軽にご相談ください！

■お問合せ
03-5276-6663

一般財団法人
日本ハラスメントカウンセラー協会
協賛：一般財団法人 全日本情報学習振興協会

東京都千代田区神田三崎町3-7-12 清話会ビル5F
TEL:03-5276-6663　FAX:03-5276-0551